YR ANGEN AM OWAIN

Yr Angen am Owain

Darlithoedd Fforwm Hanes Cymru

gol. John Davies

a

Tegid Roberts

Argraffiad cyntaf: 2005

ⓗ *Fforwm Hanes Cymru/Gwasg Carreg Gwalch*

Rhif Llyfr Safonol Rhyngwladol:
0-86381-999-0

Cynllun clawr: Sian Parri

Argraffwyd a chyhoeddwyd gan Wasg Carreg Gwalch,
12 Iard yr Orsaf, Llanrwst, Dyffryn Conwy, LL26 0EH.
☎ 01492 642031 🖷 01492 641502
✆ llyfrau@carreg-gwalch.co.uk
Lle ar y we: www.carreg-gwalch.co.uk

Dymunwn gyflwyno'r gyfrol gyntaf hon o ddarlithoedd blynyddol Fforwm Hanes Cymru er cof am y diweddar Athro Emeritws Syr Robert Rees Davies. Traddododd chwip o ddarlith ar 'Ach a theulu' i'r Fforwm ym Mhabell y Cymdeithasau ar faes Prifwyl Dinbych 2001, ond yn anffodus ar ffurf bras nodiadau y cyflwynodd hi, ac ni chafwyd hi ganddo ar ffurf ysgrifenedig lawn i'w chynnwys yn y gyfrol hon. Rwy'n credu y byddai'n cymeradwyo'r ffaith bod eraill oedd yn gydnabod iddo, wedi rhoi eu darlithoedd i ni i'w cyhoeddi, ac y byddai'n annog y rhai sy'n ymddiddori yn hanes ein gwlad, i'w darllen.

Cynnwys

Cyflwyniad

Ar brynhawn dydd Mawrth braf yn ystod wythnos yr Eisteddfod Genedlaethol yn Llanbedr-goch yn 1999, daeth rhyw ddwsin o bobl ynghyd i gyfarfod ym Mhabell y Cymdeithasau. Cynrychioli nifer o gymdeithasau hanes ac ymddiriedolaethau treftadaeth yr oedd y bobl hynny. Yn ystod y cyfarfod hwnnw trafodwyd y priodoldeb o sefydlu corff i gydlynu a chynnig cymorth ymarferol i'r gwahanol gymdeithasau hanes yng Nghymru. Ffurfiwyd pwyllgor, wrth gwrs, a chasglwyd swm o arian cyn i bawb ymadael. A dyna sut y daeth Fforwm Hanes Cymru i fodolaeth. O fewn ychydig fisoedd yr oedd tua deg ar hugain o gymdeithasau hanes, ymddiriedolaethau treftadaeth ac ymddiriedolaethau archaeoleg ledled Cymru wedi ymuno â'r Fforwm. Yn fuan wedi hynny, bu'r Fforwm yn gweithio'n ddiwyd i ddwyn gwaith rhai o brif gymdeithasau hanes Cymru i sylw'r cyhoedd. Trefnwyd arddangosfeydd lliwgar a llawn gwybodaeth ar ran y cymdeithasau hynny, nid yn unig ar faes yr Eisteddfod Genedlaethol, ond hefyd yn yr Amgueddfa Werin yn Sain Ffagan, ac yn unol â'r ffasiwn y dyddiau hyn, cafwyd gwefan hefyd (www.fforwmhanescymru.org.uk).

Un arall o benderfyniadau y cyfarfod arwyddocaol hwnnw ar faes Prifwyl Môn oedd cael darlith flynyddol. Eisoes, er y flwyddyn 2000 trefnwyd darlith flynyddol gan y Fforwm ym Mhabell y Cymdeithasau ar ddydd Llun cyntaf yr Eisteddfod Genedlaethol. Eleni, gyda'r pum darlith gyntaf ym meddiant y Fforwm, penderfynwyd eu cyhoeddi mewn cyfrol. Mae'r Fforwm yn ddiolchgar dros ben i'r pum awdur am drosglwyddo eu darlithoedd i ni, ac i'r Prifardd Myrddin ap Dafydd am gytuno i'w cyhoeddi yn y gyfrol hon. Mae cynnwys y darlithoedd yn amrywiol, a phob un yn ffrwyth ymchwil manwl ac ysgolheigaidd gan rai o haneswyr gorau ein cenedl. Bwriad Fforwm Hanes Cymru, trwy gyfrwng y gyfrol hon, yw sicrhau na fydd yr hanes a geir ynddi yn mynd i ddifancoll. Yr ydym yn hyderus y bydd y gyfrol hon yn cymryd ei lle ymhlith y cyfrolau hanes gwerthfawr sydd ar werth yn ein siopau llyfrau y dyddiau hyn, ac y bydd hi'n gaffaeliad i'r rhai sy'n ymddiddori yn hanes Cymru.

Tegid Roberts (Parch.)
Cadeirydd Fforwm Hanes Cymru
Gorffennaf 2005

Cenedligrwydd, Cenedlaetholdeb ac Owain Glyndŵr[1]

Nia Watkin Powell

Mae pobl yn hoff o ddathlu, a chafwyd mwy na digon o gyfleoedd i wneud hynny yn ddiweddar. Bu rhai ohonom yn dathlu agor Cynulliad i Gymru ryw flwyddyn yn ôl, beth bynnag am ei wendidau; treuliodd eraill oriau'n cofio dwy ganrif a hanner o gerddoriaeth Bach; eleni y mae'n gyfnod o fwrw golwg nid yn unig dros ganrif ond dros filflwydd, gan ddathlu a chroesawu'r newydd.

Mae dathlu'n bwysig am ei fod yn gyfle i fwrw golwg yn ôl ac i'n hatgoffa'n hunain, fel pobl ac fel cenedl, o bethau fu â rhan allweddol yn ein creu ac sy'n ein gwneud yr hyn ydym heddiw. A chwbl haeddiannol yw bod Cymro yr wyf yma i ddathlu chwe chanmlwyddiant ei fudiad wedi cael ei ddyfarnu gan y wasg ddechrau eleni yn un o bobl fwyaf y mileniwm. Owain Glyndŵr, Owain ap Gruffydd o Lyndyfrdwy a Chynllaith Owain, yw'r arwr hwnnw, seren ymhlith y sêr, Cymro ychydig praffach na chig a gwaed arferol.[2] Oherwydd ar 16 Medi 1400, o fewn mis i chwe chan mlynedd yn ôl, mewn man digon dinod yng Nglyndyfrdwy yng ngogledd-ddwyrain Cymru, dyma garfan fechan o ddynion, uchelwyr fel yntau, yn cyfarfod yn ei gartref ac yn ysgwyd yr awdurdodau i'w seiliau. Yr hyn a wnaethant oedd galw Owain yn 'Dywysog Cymru'. Ddau ddiwrnod yn ddiweddarach, ar 18 Medi, yr oedd chwyldro ar droed. Dyma'r garfan a gyfarfu yng Nglyndyfrdwy, ynghyd â rhyw gant a hanner o Gymry eraill, yn ymosod ar drefi'r ardal a gâi eu hystyried yn ganolfannau dylanwad Eingl-Normanaidd – Rhuthun, Dinbych, Rhuddlan, Fflint, Penarlâg, Holt, Croesoswallt a'r Trallwm.[3] A pheidied neb â chael ei dwyllo i feddwl mai rhyw anghydfod bach lleol oedd hwn – rhyw ffrae bersonol rhwng Glyndŵr a'i gymydog yn Arglwyddiaeth Rhuthun fel yr hawlir mor aml. Go brin. Fyddai dim angen cyhoeddi neb yn Dywysog Cymru i ddatrys dadl fach leol ynglŷn â thir.[4] Ar yr un adeg yn union yr oedd terfysg hefyd yng ngogledd-orllewin Cymru, a rhai o uchelwyr mwyaf llewyrchus a blaenllaw'r cyfnod yn ei arwain. Ar y blaen yr oedd y brodyr Tudur o Benmynydd ym Môn, abadau Cymer ac Enlli a rheithor Llanllechid a'i blwyfolion oll – 'hogia Bethesda' yn ôl y cyfrif heddiw.[5] Y gwanwyn canlynol yr oedd ucheldir Cymru mor bell i'r de â Dyffryn Tywi yn wenfflam, a bileiniaid y Fenni yn codi yn erbyn eu harglwydd Normanaidd, William Beauchamp.[6]

Gwelir o hyn oll fod gan y mudiad a gododd un o'i blith yn Dywysog Cymru gysylltiadau trwy Gymru benbaladr, a bod yr hyn a ddigwyddodd yn gosod her ddigyfaddawd i awdurdod y Goron yng Nghymru. O safbwynt brenin Lloegr, teyrnfradwriaeth, dim llai na hynny, oedd galw un o ddeiliaid y deyrnas yn 'Dywysog Cymru', oherwydd o safbwynt y Goron yr oedd Tywysog Cymru eisoes yn bodoli. Wedi concwest Gwynedd yn y drydedd ganrif ar ddeg yr oedd Edward I, ym 1301, wedi gwneud ei fab hynaf yn Dywysog Cymru, ac ym 1400 yr oedd mab Harri IV o Loegr yn dal yr anrhydedd hwnnw.[7] Yr oedd cyhoeddi Owain yn dywysog arall ar Gymru chwe chan mlynedd yn ôl, felly, yn gyfystyr â chyhoeddi mudiad agored yn erbyn awdurdod y Goron yng Nghymru. Parhaodd y mudiad hwnnw yn swyddogol am un mlynedd ar hugain, hyd 8 Ebrill 1421, pan dderbyniodd Maredudd ab Owain, mab Owain Glyndŵr, bardwn gan y Goron – y gwrthryfel hwyaf a fu erioed yn erbyn Coron Lloegr.[8]

Ond sut mae egluro hyn? Pwy oedd mewn gwrthryfel? Mae haneswyr wedi disgrifio'r peth mewn sawl ffordd, a chrynhowyd y cyfan yn ddeheuig gan Gwyn A. Williams mewn pennod ogleisiol yn ei gyfrol *When Was Wales?*[9]: 'cweryl yn y Mers a daniodd ryfel hiliol' yw un disgrifiad ganddo, ond fel y nodwyd uchod, yr oedd yn fwy na hynny. Troes hefyd i egluro'r peth mewn dull hollol economaidd ac mewn cyd-destun cymdeithasol: 'an explosion of anger and hatred from the unfree and oppressed', meddai, gan ychwanegu, 'it was a peasant *jaquerie*' – gwrthryfel gwerin, gan wneud mudiad Glyndŵr yn ddim amgen na'r gwrthryfeloedd eraill a dorrodd allan ymhlith gwerinoedd Ewrop yn y cyfnod hwn. Neu beth am 'rising squireens rebelling against the restrictions of an archaic regime', neu 'the revolt of frustrated intellectuals within the church'? Nid oedd gan y gwahanol elfennau hyn lawer yn gyffredin: nid lles y werin oedd buddiannau'r 'rising squireens', er enghraifft. Yr hyn sy'n ddiddorol, serch hynny, yw bod yr holl elfennau i'w canfod yn yr un mudiad; yr oedd pob haen o gymdeithas yn rhan ohono, gan gynnwys llafurwyr a adawodd eu gwaith ym meysydd ŷd canolbarth Lloegr, myfyrwyr a gaeodd eu llyfrau a dod adref o Rydychen a Chaergrawnt[10] ac abadau a chlerigwyr. Efallai, yn wir, fod y rhain yn teimlo eu bod yn dioddef rhyw orthrwm economaidd neu ddeallusol o dan y drefn Eingl-Normanaidd a ddaeth i fodolaeth ym 1282, ond eu harweinwyr oedd yr union bobl a allai gydweithio'n hapus â'r drefn Normanaidd ac a elwai ar hynny.[11] Ymhlith y rhain yr oedd Rhys Ddu o Anhuniog a gafodd wobr o 50 swllt gan y Goron ym 1394 am ei sêl a'i lwyddiant yn gwasgu taliadau ariannol o wŷr Ceredigion, a phensiwn pellach o 10 morc y flwyddyn am ddeng mlynedd ym 1397 am wasgu rhagor o arian o law'r Cardi.[12] Hefyd teulu'r llewyrchus Llywelyn Foethus o'r Cantref Mawr a oedd yn enwog am yr holl win a gâi ei yfed yn ei lys.[13] Daw hyn â ni i Garnwyllion, i Gydweli a Llanelli, a oedd yn ferw o gefnogaeth i Glyndŵr o dan Henri Dwn o Lechdwni. Ar yr wyneb nid oedd gan Henri Dwn reswm yn y byd dros wrthryfela. Ef a reolai'r ardal ar y pryd – bu'n stiward i John o Gaunt yn Arglwyddiaeth Cydweli er 1388/9 – ond daeth yntau hefyd allan i ymuno â Glyndŵr.[14] Beth oedd y prif ysgogiad, felly; yr hyn a glymai bawb ynghyd yn un corff? Yr oeddynt allan fel un gŵr, nid am eu bod yn teimlo teyrngarwch i Glyndŵr fel dyn, nac am fod rhai ohonynt yn teimlo'n anfodlon eu byd o safbwynt materol, ond yn hytrach am eu bod yn rhannu'r un syniad, yr un meddylfryd; dyna'r 'glud' a ddaliai'r cyfan ynghyd, sef mynegiant gwleidyddol o genedligrwydd. Ni ellir deall y mudiad, na grym Glyndŵr fel arweinydd, heb gydnabod hynny. Penllanw trawsnewid cenedligrwydd yn genedlaetholdeb oedd mudiad Glyndŵr; a'r mudiad a ddyrchafodd Glyndŵr yn ben arno ym

1400, nid fel arall. Mudiad yn cynrychioli meddylfryd cyfun ymhlith pobl ydoedd, nid creadigaeth unben, ac yn wir yr oedd Glyndŵr ei hun yn llawn sylweddoli hynny. Pan ysgrifennodd at Henri Dwn yng Nghydweli rywbryd rhwng 1401 a 1403, nid ei gynnig ei hun fel gwaredwr economaidd yr oedd; doedd dim angen hynny ar Henri Dwn. Anogodd ef, yn hytrach, drwy ddatgan mai 'er mwyn gwaredu cenedl y Cymry o gaethiwed ein gelynion Seisnig' y gweithredai.[15] Apelio at genedligrwydd a chenedlaetholdeb noeth yr oedd. Gellir ystyried mudiad Glyndŵr fel un oedd yn seiliedig ar syniad neu feddylfryd; nid fel rhywbeth a berthynai i orffennol canoloesol, ond fel un o'r cynharaf o fudiadau gwleidyddol poblogaidd Ewrop.[16]

* * *

Yr hyn yr wyf am ei wneud yn awr yw trafod sut y daeth y sefyllfa hon i fod. Beth oedd cenedligrwydd wedi ei olygu i 'bobl Cymru' cyn 1400, gan ystyried Cymru yn y cyswllt hwn fel term daearyddol? Sut y datblygodd ymwybyddiaeth o genedligrwydd yn genedlaetholdeb? Yr wyf yn awyddus i drafod hyn am fod yna duedd i wadu bod y fath beth â 'chenedlaetholdeb' yn bodoli yn y Canol Oesoedd o gwbl, gan bwysleisio, yn hytrach, deyrngarwch mwy personol ei hanfod.[17] Nid oes amheuaeth nad oedd yng Nghymru'r Canol Oesoedd ymdeimlad o berthyn i gymuned Gymreig; yr oedd y ffaith bod trigolion y 'parthau gorllewinol hyn' yn wahanol o ran iaith ac arferion i'r rheini tua'r dwyrain yn rhywbeth a gydnabuwyd ymhell cyn y bymthegfed ganrif, ac y mae'r gwrthdaro milwrol a gwleidyddol rhwng y ddwy ochr yn llenwi'n llenyddiaeth. Y mae Canu Heledd a Llywarch Hen, er enghraifft, yn ymwneud â cholli'r frwydr amddiffynnol fawr rhwng teyrnas Powys a'r Mersiaid,[18] ac Armes Prydein – a ganwyd tua OC 935 – yn brotest broffwydoliaethol yn erbyn yr uwch frenin Seisnig, Athelstan.[19] Lluniwyd Buchedd Dewi gan Rigyfarch o Lanbadarn c.1099 fel protest wladgarol yn erbyn y ffordd y cafodd y Normyn afael ar yr Eglwys yng Nghymru,[20] ac yn y Brutiau, neu'r croniclau hanesyddol, y mae'r gwahaniaethau rhwng y Saeson, y 'Ffrainc' a'r Brytaniaid yn gyson amlwg.[21]

Peth arall oedd troi'r ymdeimlad hwn o genedligrwydd yn rhywbeth gwleidyddol, fodd bynnag, a chreu hunaniaeth wleidyddol Gymreig. Nid oes amheuaeth na ddigwyddodd hynny yn ystod y drydedd ganrif ar ddeg pan welwyd twf yn y teimlad o berthyn i gymuned Gymreig a'r dymuniad i fynegi'r ymdeimlad hwnnw mewn termau gwleidyddol. Un o deuluoedd brenhinol Cymru fu'n hybu ac yn meithrin hyn, sef brenhinoedd Gwynedd, un o amryw 'wledydd' neu wladwriaethau'r hen Gymru, a'u bwriad wrth wneud hynny oedd dilysu a chryfhau uned newydd y gwnaethent hwy eu hunain yn ben arni, sef Tywysogaeth Cymru. Aethant ati i addasu Cyfraith Hywel, er enghraifft, er mwyn pwysleisio goruchafiaeth Gwynedd, a datblygu perthynas ffiwdal rhyngddynt ag arweinwyr gwledydd megis Powys a'r Deheubarth a'u gosodai hwy eu hunain yn ben.[22] Rhaid cofio, serch hynny, mai rhywbeth newydd i'r drydedd ganrif ar ddeg oedd yr undod gwleidyddol sefydliadol hwn – mynegiant gwleidyddol o Gymreictod ar ffurf gwladwriaeth Gymreig yn hytrach na chyfres o freniniaethau annibynnol. Os bu delfryd wleidyddol draddodiadol ymhlith y Cymry ynghynt, yna ennill grym i'r Brytaniaid, adennill Coron Llundain oddi ar y Sacsoniaid, oedd hynny; traddodiad Brytanaidd o Brydeindod ydoedd a fynegwyd mewn dull mor drawiadol gan Sieffre o Fynwy yng nghanol y ddeuddegfed ganrif.[23] Rhywbeth newydd a berthynai i ddiwedd y ddeuddegfed ganrif a'r drydedd ganrif ar ddeg oedd canolbwyntio ar Gymru fel uned a llwyfan gwleidyddol. Dyna pam mai y Llyw Olaf oedd y Llyw Cyntaf hefyd i bob pwrpas; Llywelyn ap Gruffudd oedd y cyntaf i gael ei gydnabod yn ffurfiol yn Dywysog Cymru gan awdurdodau oddi allan, a hynny yng Nghytundeb Trefaldwyn, 1267.[24] Yr oedd ystyried hunaniaeth ar wahân i Gymru mewn termau gwleidyddol fel achubiaeth i'w phobl yn thema ddiweddar a newydd, felly.

Wrth gwrs, lladdwyd Llywelyn ym 1282, digwyddiad y bu galarnadu yn ei gylch byth oddi ar hynny. Dyna ddiwedd hanes gwleidyddol Cymru i rai.[25] Ond mae lle i ailfeddwl, a gofyn a fu'r syniad o genedligrwydd gwleidyddol farw gydag ef. I mi, yr ateb yn bendifaddau yw na. Os rhywbeth, cryfhau a wnaeth, a datblygu'n genedlaetholdeb gwleidyddol poblogaidd yn y ganrif ddilynol. Y mae deall hyn yn hanfodol i ddeall mudiad Glyndŵr, oherwydd penllanw'r cenedlaetholdeb poblogaidd hwn oedd y mudiad. Y mae nifer o ddigwyddiadau'n arwyddo parhad y dyhead gwleidyddol hwn, a pharhad y dyhead am un pennaeth gwleidyddol Cymreig hefyd. Mor gynnar â 1295 bu gwrthryfel yn erbyn llywodraeth y Goron yng Nghymru, dan arweiniad aelod o un o is-ganghennau hen deulu brenhinol Gwynedd, sef Madog ap Llywelyn o Fôn.[26] Yr hyn sy'n arwyddocaol am y gwrthryfel hwn yw i Fadog yntau gael ei ddyrchafu gan ei ddilynwyr yn Dywysog Cymru, ac nid Monwyson yn unig oedd y rhain. Ymhlith ei ddilynwyr yr oedd gwŷr o'r de-orllewin ac arweinwyr Morgannwg nad oeddynt wedi bod o dan awdurdod Gwynedd ynghynt yn y drydedd ganrif ar ddeg. Yr oedd y Gymru ddaearyddol gyfan yma yn dechrau cefnogi'r syniad o un pennaeth gwleidyddol Cymreig, a'r hyn sy'n fwy arwyddocaol fyth yw i Edward I ei hun orfod ymateb a chyfaddawdu yn sgil hynny. Yr oedd Edward yn ddiamau yn wleidydd craff ac yn deall seicoleg teyrngarwch, a gwelodd yntau'r dyhead hwn yng Nghymru am un arweinydd neu ben, gyda charfan amlwg o'r Cymry yn teimlo eu bod yn rhannu ymdeimlad o hunaniaeth Gymreig. Ei ateb ef ym 1301 oedd gwneud ei fab ei hun yn ffocws i'r teyrngarwch hwnnw fel Tywysog Cymru.[27] Roedd hyn ynddo'i hun yn gydnabyddiaeth o lwyddiant tywysogion Gwynedd yn y drydedd ganrif ar ddeg pan luniwyd hunaniaeth wleidyddol Gymreig ehangach allan o'r teyrngarwch lleol a berthynai i'r breniniaethau blaenorol; hunaniaeth wleidyddol a oroesodd ddiwedd y teulu brenhinol fu'n ei arwain. Yr oedd y syniad a'r meddylfryd yn fyw er gwaethaf marwolaeth y llyw ei hun, ac wedi gwreiddio ymhlith carfan flaenllaw o'r gymdeithas. Yr oedd hyn yn sicr yn elfen fwy cadarnhaol o lawer yng nghenedligrwydd gwleidyddol y cyfnod na gwrth-Seisnigrwydd yn unig. Bu'n rhaid i Edward I gyfaddawdu hefyd; anos oedd difa syniad na difa unigolyn.

Er bod cael Tywysog Cymru mewn enw yn bodloni rhai, ac yn sicrhau eu teyrngarwch fel swyddogion ac fel arall i'r achos brenhinol, ni ddarfu'r dyhead am dywysog o waed coch, cyfan, Cymreig. Daeth hyn i'r amlwg ar ei fwyaf nerthol yn ystod chwedegau'r bedwaredd ganrif ar ddeg ynghyd â theimladau gwrth-Seisnig cryf, ac fe'i mynegwyd trwy Gymru benbaladr yn y gefnogaeth i Owain Lawgoch, capten o filwr a oedd ar fin dychwelyd o Ffrainc gyda byddin i hawlio'i etifeddiaeth fel Tywysog Cymru.[28] Mae'r un dyhead yn ymddangos dro ar ôl tro yn llenyddiaeth a barddoniaeth y bedwaredd ganrif ar ddeg – ym mhoblogrwydd Sieffre o Fynwy a phroffwydoliaethau Myrddin; yn y farddoniaeth broffwydol, wrth-Seisnig a ragfynegai arweinydd tebyg i Feseia a fyddai'n gwaredu'r Cymru o oruchafiaeth yr Eingl-Normyn yn y Mers a'r Dywysogaeth fel ei gilydd, ymosodwyr yr ystyrid eu bod eisoes wedi cipio'r rhan helaethaf o Ynys Prydain o ddwylo'r Brytaniaid.[29] Yn aml, byddai'r arweinydd Meseianaidd hwn yn cael enw arwr o'r gorffennol, megis Cadwaladr ar ôl Cadwaladr Fendigaid, ymgyrchydd llwyddiannus o'r seithfed ganrif, ond Owain oedd yr enw a ddefnyddid fynychaf. Byddai'n codi o ddinodedd i waredu'r Brytaniaid, gan godi dychryn a gyrru'r Saeson ar ffo. Byddai brwydrau ffyrnig ac amserau drwg, ond yn y pen draw, ar ôl lladdfa a thywallt gwaed, byddai'r Saeson wedi eu trechu'n llwyr! Breuddwyd pobl orchfygedig, efallai, ond yr oedd mynegi'r thema hon dro ar ôl tro yn ysbrydoli'r Cymry i chwilio am rywun fyddai'n arweinydd arnynt hwy eu hunain. Yn ail hanner y bedwaredd ganrif ar ddeg yr oedd gyrfa Ramboaidd Owain Lawgoch fel pe bai'n gweddu'r swyddogaeth i'r dim ac yn cynhyrfu'r Cymry yn ystod y 1360au yn arbennig. Pan laddwyd hwnnw ym Mortagne sur Mer ar lannau'r Gironde yn Aquitaine ym 1378 gan John Lamb, ysbïwr yng ngwasanaeth y Goron, bu chwilio am Owain arall, ac fe'i cafwyd ym mherson Owain Glyndŵr.[30]

Tra bod proffwydoliaethau cynharach yn sôn am adfer Ynys Prydain i awdurdod y Brytaniaid, yr oedd proffwydoliaethau'r bedwaredd ganrif ar ddeg yn torri cwys newydd ac yn sôn mwy am waredigaeth o fewn cyd-destun Cymreig yn unig; anghofio am yr hen hunaniaeth Frytanaidd a dewis yn hytrach ddelfryd Gymreig. Ac y mae hyn yn bwysig – Tywysog Cymru oedd Glyndŵr i fod. Meddai Iolo Goch amdano mor gynnar â 1385, gan ei gysylltu o ran ei linach ag arweinwyr Gwynedd a Chymru yn y drydedd ganrif ar ddeg,

Un pen ar Gymru wen wedd
  Ac un enaid gan Wynedd,
  Un gad, un llygad, un llaw
Aur burffrwyth Iôr Aberffraw.[31]

Yr oedd beirdd megis Iolo Goch yn bwysig am eu bod yn gallu mynegi'r dyheadau hyn mor fyw yn eu cerddi, a chan fod eu galwedigaeth yn ystod yr Oesoedd Canol diweddar yn un deithiol gallent wasgaru'r syniadau hyn trwy Gymru benbaladr yn nhai aelodau blaenllaw o'r gymuned Gymreig lle noddwyd hwy. Yn wir, mae'r ffaith i ddeddf seneddol gael ei phasio ym 1402 yn gwrthwynebu eu gweithgarwch yn dystiolaeth ddigon o'u dylanwad.[32] Y rhain oedd cyfryngau'r bedwaredd ganrif ar ddeg. Heb os, yr oedd eu dylanwad hwy, wrth iddynt baratoi Cymru yn seicolegol i dderbyn arweinydd newydd, yn anfesuradwy; roeddynt yn paratoi Cymru i ganlyn arweinydd ac yn cynnal awyrgylch lle roedd Owain Glyndŵr yn ddisgwyliedig ac yn dderbyniol. Cadwent y cof am ogoniannau'r gorffennol Brytanaidd a Chymreig yn fyw drwy drosglwyddo hanes arwyr o genhedlaeth i genhedlaeth. Sicrhaent hefyd na fyddai syniadau ac amcanion tywysogion y drydedd ganrif ar ddeg yn mynd yn angof. Mewn gair, pwysleisient nad oedd Llywelyn i fod yn 'Llyw Olaf' a llwyddasant i gynnal yr awydd am gael tywysog Cymreig ar Gymru hyd gyfnod Glyndŵr.[33]

Yr oedd nifer o bethau eraill yn cryfhau ac yn dwysáu'r ymdeimlad o genedligrwydd rhwng 1300 a 1400, ac un o'r amlycaf oedd ymdeimlad cynyddol o fod yn Gymry yn hytrach nag yn Saeson. Ni ellir gwadu nad oedd yna dyndra hiliol yng Nghymru yn y cyfnod hwn.[34] Yn ffurfiol, gorfodwyd y Cymry – oni bai eu bod wedi ceisio trwydded neu ganiatâd – i ddal tir ar delerau gwahanol i'r Saeson,[35] ac o dan amgylchiadau economaidd y cyfnod yr oedd system y Saeson fel pe bai'n fwy manteisiol i'r unigolyn na'r dull Cymreig. Roedd hyn yn creu tyndra. Rhwystrwyd Cymry Rhuthun, er enghraifft, rhag dal tir ar delerau Seisnig oni bai eu bod yn cael trwydded arbennig gan Arglwydd o Norman, ac yn talu'n ddrud am hynny. Mae'n debyg mai yn y trefi yr oedd y tyndra hwn yn fwyaf amlwg, oherwydd yr oedd y trefi nid yn unig yn gweithredu monopoli o ran masnach, ond roedd eu hagwedd yn tueddu fwyfwy tuag at warchod eu buddiannau eu hunain yn erbyn gwladwyr o'r tu allan. Yn aml iawn, Cymry oedd y mwyafrif o drigolion y trefi, ond mewn sawl tref, o ganlyniad i ordeiniadau y tybid iddynt gael eu llunio yng nghyfnod Edward I, dim ond Saeson a gâi fod yn fwrgeisiaid a mwynhau'r manteision a ddeuai yn sgil y statws hwnnw.[36] Golygai hyn nad oedd gan y Cymry reolaeth ar weithgarwch masnachol pwysig y trefi, ac yr oedd tuedd gynyddol i'w cadw allan hefyd. Bu achosion o wrthdaro yng Nghaernarfon rhwng 1320 a 1350,[37] ac ym 1364 heriodd trefwyr Rhuthun hawl y Cymry i fasnachu yn y dref.[38] Gwaharddwyd Cymry rhag bod yn fwrgeisiaid o gwbl yn Hope ym 1351, ac ym 1386 sicrhaodd tref Caerfyrddin trwy siarter na châi'r un Cymro gollfarnu Sais o Gaerfyrddin yn y llysoedd brenhinol na'i roi ar brawf.[39] Roedd hyn oll yn arwydd o'r anawsterau a roddwyd ar lwybrau'r Cymry, a'r rheolaeth dros fasnach a'r tollau trymion y gofynnwyd amdanynt gan farsiandwyr trefol yn fwyaf arbennig. Ystyrid hyn yn faich annerbyniol. Y gwir oedd fod tensiynau rhwng gwlad a thref i'w gweld ledled Ewrop yn ystod y cyfnod hwn, ond yr oedd tuedd i gysylltu 'trefwyr' yng Nghymru, yn gam neu'n gymwys, â Saeson, a daeth y tyndra rhwng gwlad a thref yn rhan o ffrwd helaethach gwrth-Seisnigrwydd.

Ac nid yn y maes hwn yn unig y ceid tyndra. Mewn meysydd eraill hefyd yr oedd y berthynas rhwng y Cymry brodorol a phobl o statws Seisnig yn ddigon tebyg i 'sefyllfa drefedigaethol'.[40] Byddai Cymro o bryd i'w gilydd yn derbyn swydd bwysig fel siryf, er enghraifft, ond anaml iawn y digwyddai hynny, ac roedd amryw yn ddig ynghylch y sefyllfa.[41] Hefyd, cynyddai'r enghreifftiau o Saeson yn gwrthod ateb cyhuddiadau ac achosion gan Gymry ar y sail nad oedd Saeson yn atebol i'r Cymry o gwbl, a chreodd yr agwedd ffroenuchel hon gryn anesmwythyd yng nghyffiniau Caerfyrddin yn arbennig.[42] Yna roedd rhai o swyddogion y Goron, yn Saeson ac yn Gymry pro-Seisnig, yn gosod gormod o wasgfa ariannol mewn cyfnod o ddirwasgiad economaidd, ac o'r herwydd yn ennyn casineb.[43] Yn wir yr oedd bodolaeth swyddogion o Saeson fel Walter de Mauny, a benodwyd yn siryf Meirionnydd am oes ym 1341, ond nad ymwelodd â'r lle erioed, yn ddigon i godi gwrychyn a dyrchafu hunaniaeth genedlaethol, yn enwedig ymhlith y rheini a fyddai wedi dymuno llenwi'r swyddi hynny eu hunain.[44] Yr eironi yw i'r holl chwerwedd a chasineb a gododd oherwydd hyn gryfhau'r ymwybyddiaeth genedlaethol, a'i throi yn rhywbeth gwleidyddol lym hefyd. Yn wir, daeth y Sais i fod yn fwch dihangol i bob math o broblemau'r oes.

Ond yr oedd gwedd arall fwy cadarnhaol i'r holl ddatblygiadau hefyd. Yn ystod y bedwaredd ganrif ar ddeg yr oedd y syniad o dylwyth – neu deulu – fel sefydliad yn colli tir. Mae'n debyg mai ffactorau economaidd oedd yn rhannol gyfrifol am y dirywiad hwn, ond cyflymwyd y broses gan bolisïau'r Goron Seisnig yng Nghymru wedi 1282. Er enghraifft, yn hytrach na hawlio gwasanaethau ar y cyd fel tylwyth, pennwyd gwerth ariannol i'w dalu yn lle'r gwasanaeth, proses a elwid yn 'gymudo'. Pwysleisiai hyn gyfrifoldeb yr unigolyn i dalu ar ei ben ei hun, ac ar wahân i neb arall, yn hytrach na chydweithio fel tylwyth. Yna, canlyniad cyflwyno cyfraith drosedd y brenin i Gymru yn niwedd y drydedd ganrif ar ddeg oedd pwysleisio unwaith eto gyfrifoldeb yr unigolyn am ei weithredoedd yn hytrach na chyfrifoldeb cyfun y tylwyth am weithredoedd ei aelodau.[45] Fel yr oedd y syniad o deulu neu dylwyth yn dirywio, tyfodd syniad newydd a theyrngarwch newydd i gymuned ehangach, a'r genedl neu'r *nacio* oedd honno.

Yng nghyswllt y twf mewn ymwybyddiaeth genedlaethol, yr oedd yr hyn a ddigwyddai yng Nghymru yn rhan o ddatblygiadau cyffelyb ledled Ewrop, lle'r oedd cenedl-wladwriaethau yn cael eu creu wrth i'r hen drefn gymdeithasol a gwleidyddol newid ac i glymau ffiwdalaidd lacio. Datblygodd y syniad o genedl-wladwriaeth ym Mohemia tua'r adeg hon, er enghraifft. Ar y cychwyn fe'i cysylltwyd â'r diwygiwr crefyddol John Huss, gyda deallusion Czech yn meithrin y syniad o wahanu oddi wrth yr Almaen. Symbol o'r arwahanrwydd hwn oedd i Eglwys Gadeiriol Praha ymryddhau oddi wrth awdurdod Archesgobaeth Mainz yn yr Almaen ym 1344, fel y gobeithiai Glyndŵr yntau sicrhau annibyniaeth i'r Eglwys Gymreig oddi wrth Gaergaint o dan

Archesgob yn Nhyddewi, a thrwy hynny bwysleisio arwahanrwydd gwleidyddol hefyd.[46]

A dyna Ffrainc wedyn. Ar lawer ystyr gellir cymharu sefyllfa Glyndŵr ag un Jeanne d'Arc. Yn yr un modd ag y daeth Jeanne d'Arc yn ymgorfforiad o'r syniad o Ffrainc fel cenedl-wladwriaeth ymhlith y Ffrancod, yr oedd Glyndŵr yn ymgorfforiad o'r syniad o Gymru fel gwladwriaeth ymhlith y Cymry. Atgyfnerthwyd y syniad o Ffrainc wleidyddol gan y gwrthdaro hir fu rhyngddi hi a brenin Lloegr yn y Rhyfel Canmlynedd, a chafodd hyn yn ei dro ddylanwad ar y profiad Seisnig. Dyma'r cyfnod y daeth y genedl Seisnig i fodolaeth, gan ddisodli'r glymblaid lac o Normyn a Sacsoniaid, a'r cyfnod y daeth ei brenhinoedd a'i phobl i siarad yr un iaith. Harri V oedd y brenin cyntaf i'w fagu yn yr iaith Saesneg. Ymddengys mai Edward I oedd y cyntaf o frenhinoedd Normanaidd Lloegr i allu deall a siarad rhywfaint o Saesneg, ond Richard II, a ddiorseddwyd flwyddyn yn unig cyn i Glyndŵr gael ei gyhoeddi'n ddywysog, oedd y cyntaf y gwyddys ei fod yn llythrennog yn yr iaith ac yn ei siarad yn gwbl rugl. Datblygodd ymwybyddiaeth genedlaethol Seisnig yn ystod y blynyddoedd hir o wrthdaro gyda Ffrainc, yn union fel y datblygodd ymwybyddiaeth Gymreig yng Nghymru yn ystod y ganrif o orfod cyd-fyw gyda'r Eingl-Normyn, ac roedd dyrchafu'r Saesneg yn Lloegr ar draul Ffrangeg Normanaidd yn symbol o'r ymwybyddiaeth honno.[47]

Datblygiad syniadau fel hyn a roddodd i fudiad Glyndŵr ei nerth a'i bwrpas. Dyna a daniodd rai fel Henri Dwn i'w gefnogi, a John Trefor yntau, un o weision y Goron, a allai sôn erbyn 1403 am 'ddistrywio ein gelynion Seisnig'.[48] Dyna a glymai ynghyd y rhai a gollodd eu tir, neu'r deiliaid tir a deimlai eu bod yn dioddef o dan drefn annheg, yr uchelwyr a deimlai eu bod yn cael eu cadw allan o swyddi ar sail eu hil, y masnachwyr rhwystredig, y clerigwyr a gâi eu rheoli gan awdurdodau oddi allan ac unrhyw rai eraill a deimlai fod ganddynt le i gwyno ar ddiwedd canrif anodd. Ond yn fwy na hyn, ymwybyddiaeth o urddas annibynnol cenedl-wladwriaeth Gymreig a ysbrydolodd rai oedd heb fawr o le i gwyno – gwŷr megis John Trefor, a oedd eisoes yn Esgob Llanelwy, dyn a oedd 'wedi cyrraedd' o dan y drefn oedd ohoni os bu un erioed. Na, ni fwriwyd Cymru 'oll i'r llawr' ym 1282. Byw a blodeuo a wnaeth y syniad o Gymru wleidyddol, a syniad ydoedd a afaelodd yn mhobl Cymru hefyd. Tywysog a godwyd gan ei bobl oedd Glyndŵr, felly – dyna arwyddocâd y cyfarfod hanesyddol yng Nglyndyfrdwy ym Medi 1400 – a thywysog ydoedd a ddewisodd reoli wedi hynny gyda chydsyniad cynrychiolaeth o bob cwmwd yn ei diriogaeth, yn ôl tystiolaeth llygad-dystion.[49] Ymateb yr oedd Glyndŵr yn hyn o beth i feddylfryd y cyfnod o fewn Cymru ei hun.

I mi, felly, creadigaeth cenedlaetholdeb boblogaidd oedd Glyndŵr a'i fudiad; rhywbeth newydd a ddatblygodd dan oresgyn methiant 1282, rhywbeth a berthynai'n agosach i wleidyddiaeth wladwriaethol fodern nag i'r Canol Oesoedd. Eleni, felly, gadewch i ni ddathlu ar gychwyn yr ail filflwydd, nid Glyndŵr yr arwr seliwloid, na Glyndŵr y milwr neu'r unigolyn o dywysog, ond Glyndŵr fel symbol o fudiad llawer dyfnach a chryfach a oedd yn dân ymhlith pobl Cymru, a phobl Cymru fel cenedl wleidyddol hefyd.

Nodiadau

[1]Darlith a draddodwyd yn Eisteddfod Genedlaethol Llanelli, 2000 gan bwy yno bellach.

[2]Yr ymdriniaeth ysgolheigaidd ddiweddaraf arno yw R.R. Davies, *The Revolt of Owain Glyn Dŵr* (Rhydychen, 1995), a gweler hefyd R.R. Davies, *Owain Glyn Dŵr, Trwy Ras Duw, Tywysog Cymru* (Tal-y-bont, 2002). Am fywgraffiadau cynharach ohono gweler J.E. Lloyd, *Owen Glendower* (Rhydychen, 1931) a Glanmor Williams, *Owen Glendower* (Rhydychen, 1966) a'r ail olygiad, *Owain Glyndŵr* (Caerdydd, 1993). Gweler hefyd R.R. Davies, 'Ar drywydd Owain Glyndŵr', yn G.H. Jenkins, gol., *Cof Cenedl*, II (1987), 1-26; G.A. Williams, *Drych Pellennig: Pum Wyneb Owain Glyn Dŵr* (Aberystwyth, 1985); J.G. Jones, 'Owain Glyndŵr a gwrthryfel y Cymry 1400-1415', *Taliesin*, 110 (2000).

[3]E.M. Thompson, gol., *Chronicon Adae de Usk AD1377-1421* (1904), 47, 208; J.E. Lloyd, *Owen Glendower*, 30-2; R.R. Davies, *The Revolt of Owain Glyn Dŵr*, 102-3; idem, *Owain Glyn Dŵr, Trwy Ras Duw*, 27-31.

[4]David Powel, *The Historie of Cambria* (1584), 386-7; J.E. Lloyd, *Owen Glendower*, yn dyfynnu o T. Hearne, gol., *Vita Ricardi II. Historia Vitae et Regni Ricardi II . . .* (Rhydychen, 1724), 171; *Annales Henrici Quarti* (arg. 1866), 333; Thomas Pennant, cyf. III, 318. Ymhlith gweithiau mwy diweddar lle y pwysleisir hyn eto y mae Ian Skidmore, *Owain Glyndŵr: Prince of Wales* (Abertawe, 1978).

[5]*Calendar of the Patent Rolls of Henry IV*, Cyf. 1, *1399-1401* (Llundain, 1903), 555; J.E. Lloyd, *Owen Glendower*, 33-4.

[6]*Chronicon Adae de Usk*, 63, 228.

[7]Rhoddwyd y teitl i Harri o Drefynwy ar 15 Hydref 1399. Gweler Davies, *The Revolt of Owain Glyn Dŵr*, 162.

[8]*Calendar of the Patent Rolls of Henry V*, Cyf. 2, 1416-22 (Llundain, 1911), 335.

[9]Gwyn A. Williams, *When Was Wales? A History of the Welsh* (Llundain, 1985), 88.

[10]*Rotuli Parliamentorum*, III (d.d.), 457.

[11]R.R. Davies, *The Revolt of Owain Glyn Dŵr*, 35-93, 197-228; idem, 'Owain Glyn Dŵr and the Welsh squirearchy', *Trafodion Anrhydeddus Gymdeithas y Cymmrodorion* (1968), Rhan II, 150-69; R.A. Griffiths, 'Gentlemen and rebels in later medieval Cardiganshire', yn idem, *Conquerors and Conquered in Medieval Wales* (Stroud, 1994), 49-66. Am drafodaeth bellach ar y berthynas rhwng uchelwyr a'r drefn ar ôl 1282 gweler G. Roberts, 'Wales and England, antipathy and sympathy', yn idem, *Aspects of Welsh History* (Caerdydd, 1969); R.R. Davies, 'Colonial Wales', *Past and Present* (1974); idem, 'Race relations in post-conquest Wales: confrontation and compromise', *Traf. Cymm.* (1974); J.B. Smith, 'Gwleidyddiaeth a diwylliant cenedl', *Efrydiau Athronyddol*, 37 (1975); idem, 'Gruffydd Llwyd and the Celtic alliance', *Bwletin y Bwrdd Gwybodau Celtaidd*, 26 (1976); idem, 'Llywelyn ap Gruffudd a chenedligrwydd Cymru', yn G.H. Jenkins, gol., *Cof Cenedl*, IV (1989).

[12]R.A. Griffiths, *The Principality of Wales in the Later Middle Ages: The Structure and Personnel of Government: I South Wales 1277-1536* (Caerdydd, 1972), 272-3, yn dyfynnu o TNA SC6/1222/6 m.6v. a E101/511/m.5v; R.A. Griffiths, 'Gentlemen and rebels', 57-8.

[13]R.R. Davies, 'Owain Glyn Dŵr and the Welsh squirearchy', 158; *Chronicon Adae de Usk*, 70, 237: 'sexdecem dolia vini in familia sua omni anno expendens'.

[14]R.R. Davies, 'Owain Glyn Dŵr and the Welsh squirearchy', 159; idem, *The Revolt of Owain Glyn Dŵr*, 200-1; am ei stiwardiaeth gweler TNA DL/29/584/9239.

[15]Argraffwyd yn T. Matthews, *Welsh Records in Paris* (Caerfyrddin, 1910), 105-6, 113-14, o gopi Edward Lhuyd a gododd yntau o lawysgrif o Gefn y Garlleg, Llansanffraid, sir Ddinbych. Gweler J.E. Lloyd, *Owen Glendower*, 40.

[16]Cymharer R.R. Davies, *The Revolt of Owain Glyn Dŵr*, 129, sy'n rhoi'r pwyslais ar berson Glyndŵr fel canolbwynt gwrthryfel: 'a revolt . . . built around a cause; but the cause was built in turn around a leader'.

[17]Am ddatganiad clasurol o'r farn hon gweler Eric J. Hobsbawm, *Nationality and Nationalism since 1780: Programme, Myth, Reality* (Caergrawnt, 1990); Benedict Anderson, *Imagined Communities: Reflections on the Origin and Spread of Nationalism* (Llundain, 1991); Ernest Gellner, *Nations and Nationalism* (Rhydychen, 1983); idem, *Nationalism* (Rhydychen, 1997). Gweler hefyd Ernest Gellner, 'Nationalism as a product of industrial society', yn G. Montserrat a John Rex, goln., *The Ethnicity Reader: Nationalism, Multiculturalism and Migration* (Caergrawnt, 1997), 52-68, a Benedict Anderson, 'The nation and the origins of national consciousness', yn ibid., 43-51. Am drafodaeth ar y Canol Oesoedd cynnar lle gwahaniaethir rhwng cenedligrwydd y cyfnod a chenedlaetholdeb diweddar gweler Patrick Geary, *The Myth of Nations: The Medieval Origins of Europe* (Princeton, 2002). Am drafodaeth ar genedligrwydd yng Nghymru gweler J.E. Caerwyn Williams, 'Cenedlaetholdeb yng Nghymru'r Oesoedd Canol', yn G.H. Jenkins, gol., *Cof Cenedl*, VIII (1993), 1-

35; R.R. Davies, 'The peoples of Britain and Ireland: identities', *Trafodion y Gymdeithas Hanes Frenhinol (Transactions of the Royal Historical Society)*, Cyfres 6, 4 (1994), 1-20; idem, 'Law and national identity in thirteenth century Wales', yn idem *et al.*, goln., *Welsh Society and Nationhood: Essays to Glanmor Williams* (Caerdydd, 1984), 51-4, lle mae'n herio amheuaeth R.H.C. Davis yn *The Normans and their Myth* (1967) o hunaniaeth genedlaethol. Gweler hefyd R.R. Davies, *The First English Empire: Power and Identities in the British Isles 1093-1343* (Rhydychen, 2000). Yng nghyd-destun Glyndŵr gweler ei drafodaeth yn idem, *The Revolt of Owain Glyn Dŵr*, pennod 6.

[18]Ifor Williams, gol., *Canu Llywarch Hen, gyda Rhagymadrodd a Nodiadau gan Ifor Williams* (Caerdydd, 1935).

[19]Ifor Williams, gol., *Armes Prydein, gyda Rhagymadrodd a Nodiadau gan Ifor Williams* (Caerdydd, 1955).

[20]John Morris-Jones, gol., *The Life of Saint David: and Other Tracts in Medieval Welsh from the Book of the Anchorite of Llanddewivrevi AD 1346* (Rhydychen, 1912).

[21]Gweler, er enghraifft, Thomas Jones, gol., *Brut y Tywysogion; or The Chronicle of the Princes, Red Book of Hergest Version* (Caerdydd, 1955).

[22]R.R. Davies, *Conquest, Coexistence and Change* (Rhydychen, 1987), 213-320; idem, 'Law and national identity in thirteenth century Wales', 51-69; J.B. Smith, *Llywelyn ap Gruffudd, Tywysog Cymru* (Caerdydd, 1986); idem, 'The age of the princes', yn J.B. Smith a Ll.B. Smith, goln., *History of Merioneth, II, The Middle Ages* (2001), 1-59; idem, 'Llywelyn ap Gruffudd a chenedligrwydd Cymru', A.D. Carr, *Llywelyn ap Gruffydd* (Caerdydd, 1982); idem, *Medieval Wales* (Llundain, 1995), 54-82; D. Stephenson, *The Governance of Gwynedd* (Caerdydd, 1984); M. Richter, 'The political and institutional background to national consciousness in medieval Wales', yn T.W. Moody, gol., *Nationality and the Pursuit of National Independence – Historical Studies*, 11 (1978), 37-55; C. Insley, 'From *Rex Wallie* to *Princeps Wallie*: charters and state formation in thirteenth-century Wales', yn J.R. Maddicott a D.M. Palliser, goln., *The Medieval State: Essays Presented to James Campell* (2000).

[23]H. Pryce, 'British or Welsh? National identity in twelfth-century Wales', *English Historical Review*, 116 (2001), 775-801. Y mae trafodaeth hwylus ar syniadau Brytanaidd Sieffre yn B.F. Roberts, 'Sieffre o Fynwy a myth hanes cenedl y Cymry', yn G.H. Jenkins, gol., *Cof Cenedl, VI* (1991).

[24]J.G. Edwards, *Littere Wallie* (Caerdydd, 1940), xxxvi-l; J.B. Smith, *Llywelyn ap Gruffudd, Tywysog Cymru*; idem, 'Llywelyn ap Gruffudd a chenedligrwydd Cymru'; A.D. Carr, *Llywelyn ap Gruffydd*.

[25]Am fynegiant o drychineb adeg marw Llywelyn ym 1282 gweler J.E. Caerwyn Williams *et al.*, goln., *Llywelyn y Beirdd* (Barddas, 1984), 96-8; Thomas Jones, gol., *Brenhinedd y Saesson* (Caerdydd, 1971), 259; T. Roberts, 'Englynion marwnad i Llywelyn ap Gruffudd', *Bwletin y Bwrdd Gwybodau Celtaidd*, 20 (1974-6), 11. Yn *Conquest, Coexistence and Change*, dywed R.R. Davies am 1282, 'The conquest of Wales was at last complete' (t. 354), a chyfeiria wedyn at 'The extinction of the native Principality of Wales' (t. 462).

[26]Am ei wrthryfel gweler J.G. Edwards, 'Madog ap Llywelyn, the Welsh leader in 1294-5', *Bwletin y Bwrdd Gwybodau Celtaidd*, 13 (1948-50); J. Griffiths, 'The revolt of

Madog ap Llywelyn, 1294-5', *Trafodion Cymdeithas Hanes Sir Gaernarfon*, 16 (1955), 12-24; R.F. Walker, 'The Welsh war of 1294-5', yn E.B. Fryde, gol., *A Book of Prests of the King's Wardrobe for 1294-5, Presented to John Goronwy Edwards* (Rhydychen, 1962); R.R. Davies, *Conquest, Coexistence and Change*, 382-6; A.D. Carr, *Medieval Wales*, 87-8.

[27]J.G. Edwards, *The Principality of Wales 1267-1967: A Study in Constitutional History* (Caernarfon, 1969), 8-11; H. Johnstone, *Edward of Caernarvon 1284-1307* (Manceinion, 1946).

[28]A.D. Carr, *Owen of Wales: The End of the House of Gwynedd* (Caerdydd, 1991); idem, 'Owain Lawgoch, yr etifedd olaf', yn G.H. Jenkins, gol., *Cof Cenedl*, V (1990), 3-27.

[29]Ar broffwydoliaeth wleidyddol yn ystod yr Oesoedd Canol diweddar gweler Glanmor Williams, 'Proffwydoliaeth, prydyddiaeth a pholitics yn yr Oesoedd Canol', *Taliesin*, 16 (1968), 31-8; idem, Prophecy, poetry and politics in medieval and Tudor Wales', yn H. Hearder a H.R. Loyn, goln., *British Government and Administration: Essays Presented to S.B. Chrimes* (1974), 104-12; R. Wallis Evans, 'Prophetic poetry', yn A.O.H. Jarman a G. Rees Hughes, goln., *A Guide to Welsh Literature*, 2, 278-86. Trafodir proffwydoliaeth Gymreig mewn cymhariaeth â phroffwydoliaeth yn Lloegr yn M.E. Griffiths, *Early Vaticination in Welsh* (Caerdydd, 1937).

[30]A.D. Carr, *Owen of Wales*, 53-8. Nodir yma fod cryn ansicrwydd ynglŷn â chefndir John Lamb, gyda chofnodion y Goron yn ei nodi fel Albanwr ond y croniclydd Ffrengig, Froissart, yn awgrymu mai Cymro ydoedd a allai gyfarch Owain 'yn ei iaith ei hun', ibid., 53-4, yn dyfynnu o Jean Froissart, *Chronicles* (cyf. wedi ei olygu gan W.P Ker, Llundain, 1901), iii, 14-17; gweler hefyd Carr, *Owen of Wales*, 110, n.3. Beth bynnag am ei gefndir, nid oes amheuaeth mai yng ngwasanaeth y Goron yr oedd ym Mortagne.

[31]D.R. Johnston, gol., *Gwaith Iolo Goch* (Caerdydd, 1988), 36-8.

[32]4 Henri 4, c.27. Argraffwyd yn I. Bowen, gol., *The Statutes of Wales* (Llundain, 1908), 34. 'Westour' yw'r term a ddefnyddir yn Ffrangeg Normanaidd gwreiddiol y ddeddf – term a gyfieithwyd yn gyson i'r Saesneg fel 'waster'. Tybed, serch hynny, a ellid awgrymu yn hytrach mai'r gair Cymraeg 'gwestwr' a geir yma, efallai yn yr ystyr o ymwelydd? Ystyr arall i'r gair yn yr Oesoedd Canol diweddar oedd y sawl a estynnai groeso; defnyddid yr un gair i olygu'r ddeubeth (*Geiriadur Prifysgol Cymru*, t. 1651). O ystyried mai bwriad y ddeddf oedd atal 'wastours', beirdd a gwŷr wrth gerdd, rhag casglu cynhaliaeth oddi ar 'bobl gyffredin' Cymru trwy 'gymortha', tybed a anelwyd y ddeddf nid yn unig at feirdd, ond hefyd at y sawl oedd yn eu noddi a chanddynt yr awdurdod cymdeithasol i gasglu 'cymorth', fel y nodir yn y ddeddf, ac mai noddwyr beirdd a olygir yma?

[33]Am swyddogaeth wleidyddol y beirdd, gweler D.R. Johnston, 'Iolo Goch and the English: Welsh poetry and politics in the fourteenth century', *Cambridge Medieval Celtic Studies*, 12 (1986), 56-63; J.B. Smith, 'Gwleidyddiaeth a diwylliant cenedl'. Gweler hefyd nodyn 29 uchod.

[34]R.R. Davies, *The Revolt of Owain Glyn Dŵr*, 65-93, 157-8, 284-92; idem, 'Colonial Wales', 3-23; idem, 'Race relations in post-conquest Wales', 32-56. Am drafodaeth

fanwl ar hyn yn y Mers gweler idem, *Lordship and Society in the March of Wales 1282-1400*, (Rhydychen, 1978), pennod 14, 302-91.

[35]Cadarnhawyd hyn yn y tiroedd brenhinol yng Nghymru ym 1284 trwy gymal penodol yn Statud Rhuddlan (I. Bowen, *Statutes of Wales*, 25-6). Am enghreifftiau o'r modd y cynhaliwyd y gwahaniaethau rhwng arferion Cymreig o ddal tir a'r arferion Seisnig yn nhiroedd y Mers, yn ogystal ag yn y tiroedd brenhinol, gweler R.R. Davies, 'Race relations in post-conquest Wales', 41-3.

[36]R.R. Davies, *Lordship and Society in the March of Wales*, 323-9. Am brofiad Rhuthun gweler ibid., 325, yn dyfynnu o TNA SC2/219/11, m.4v; SC2/218/7, m.5v; SC2/219/2, m.7.

[37]K. Williams-Jones, 'Caernarvon', yn R.A. Griffiths, gol., *Boroughs of Medieval Wales* (Caerdydd, 1978), 97-9.

[38]R.R. Davies, *Lordship and Society in the March of Wales*, 326, yn dyfynnu o TNA SC2/219/1, m.5, 27.

[39]R.A. Griffiths, 'Carmarthen', yn idem, gol., *Boroughs of Medieval Wales*, 158, yn dyfynnu o TNA SC8/208/14713.

[40]Gweler nodyn 34 uchod a D.H. Owen, 'The Englishry of Denbigh: an English colony in medieval Wales', *Traf. Cymm.* (1974-5), 57-76.

[41]R.R. Davies, *The Revolt of Owain Glyn Dŵr*, 68-9, yn defnyddio tystiolaeth o *Register of Edward the Black Prince*, I (1930) 133, 159-60, a III (1933), 137, 221, 378; D.L. Evans, gol., *Flintshire Ministers' Accounts 1328-53* (Cymdeithas Hanes Sir y Fflint, 1929), 47-8. Am drafodaeth ar anniddigrwydd ymhlith rhai a deimlai iddynt golli'r cyfle i fod yn swyddogion gweler Glanmor Williams, *Owen Glendower*, 15; A.D. Carr, *Medieval Anglesey* (Llangefni, 1982), 77-86; Glyn Roberts, 'Wyrion Eden' a 'Teulu Penmynydd', yn idem, *Aspects of Welsh History*.

[42]R.R. Davies, *Lordship and Society in the March of Wales*, 307-12, 326. Caniatawyd yr egwyddor hon mewn siarter i Dalacharn ym 1386 a San Clêr ym 1393, ac i unigolyn pan ganiatawyd i Simon Thelwall ym 1433 y fraint mai dim ond Saeson o waed a gâi ddwyn achos yn erbyn Sais yng Nghymru (ibid., 307, yn dyfynnu o LlGC, Wynnstay 101.121).

[43]Am y wasgfa ariannol yng Nghymru yn benodol, gweler R.R. Davies, *The Revolt of Owain Glyn Dŵr*, 70-6, a'r nodiadau ar y ffynonellau; idem, *Lordship and Society in the March of Wales*, pennod 14, 176-98.

[44]Am Walter de Mauny gweler D. Huw Owen a J. Beverley Smith, 'Government and society 1283-1536', yn J.B. Smith a Ll.B. Smith, goln., *History of Merioneth*, II, 76-80; D.L. Evans, 'Walter de Mauny, sheriff of Merioneth, 1332-1372', *Cylchgrawn Cymdeithas Hanes a Chofnodion Meirionnydd*, 4 (1963).

[45]T. Jones Pierce, 'The laws of Wales: the kindred and the bloodfeud', yn J.B. Smith, gol., *Medieval Welsh Society* (Caerdydd, 1972), 289-307; R.R. Davies, 'The survival of the blood feud in medieval Wales', *History*, 54 (1969), 338-57; 'The twilight of Welsh law, 1284-1506', *History*, 51 (1966), 143-64; idem, 'Law and national identity in thirteenth century Wales', 51-69. Gweler hefyd nodyn 17 uchod ar drafodaeth ar ymwybyddiaeth o genedl yn Ewrop.

[46]Am y datblygiadau ymhlith y Czechiaid, gweler H. Kaminsky, *A History of the Hussite Revolution* (Berkeley, 1967); Jean Bérenger, cyf. C.A. Simpson, *A History of*

the Habsburg Empire (Llundain, 1994), 64-72; T.A. Fudge, *The Magnificent Ride: The First Reformation in Hussite Bohemia* (Aldershot, 1998).

[47]A.C. Baugh a Thomas Cable, *A History of the English Language* (pumed golygiad, New Jersey, 2001), 127-57, mewn pennod a elwir 'The re-establishment of English, 1200-1500'.

[48]Am ei resymau ef ac eraill dros ymuno â Glyndŵr, gweler tystiolaeth a gyflwynwyd gan reithgor mewn ymchwiliad gerbron Ustus Caer yn y Fflint, 8 Ebrill 1407, TNA Chester 25/25 m.1, argraffwyd yn J.E. Messham, 'The county of Flint and the rebellion of Owen Glyndŵr in the records of the Earldom of Chester', *Cyhoeddiad Cymdeithas Hanes Sir y Fflint*, 23 (1967-8), 31-3. Gweler hefyd ibid., 18-21; R.T. Jenkins *et al.*, goln., *Y Bywgraffiadur Cymreig hyd 1940* (Llundain, 1953), 924.

[49]Am gofnod o senedd Machynlleth gweler *Chronicon Adae de Usk*, 86; am gynrychiolwyr o bob cwmwd yn senedd Harlech gweler F.C. Hingeston, gol., *Royal and Historical Letters during the Reign of Henry the Fourth*, Cyf. 2 (Llundain, 1965), 76-9; gweler R.R. Davies, *The Revolt of Owain Glyn Dŵr*, 163-5, am drafodaeth ar y seneddau, a S. Reynolds, *Kingdoms and Communities in Western Europe* (Rhydychen, 1984) am y cyd-destun ehangach.

Abergarthcelyn a Llythyrau 1282

Ieuan Wyn

Mae tystiolaeth ysgrifenedig ar gael sy'n dangos pwysigrwydd ac arwyddocâd Abergarthcelyn (Abergwyngregyn heddiw) fel canolfan weinyddol a llywodraethol Gymreig yn y drydedd ganrif ar ddeg.

Awgryma'r dystiolaeth hon yn gryf fod Aber nid yn unig yn safle llys a maerdref cwmwd Arllechwedd Uchaf, gyda'i ganolfan weinyddol, ei bentref a'i dir bwrdd cysylltiol, ond hefyd yn lleoliad pencadlys a phrif gartref teuluol tywysogion Gwynedd yn y ganrif honno.

Gellir dadlau i Aber fod yn ganolfan gyda'r pwys mwyaf i linach frenhinol Gwynedd ac i Gymru am dros ddeg a thrigain o flynyddoedd; yn ganolfan allweddol yn llywodraeth *Pura Wallia* drwy deyrnasiad Llywelyn ap Iorwerth, Dafydd ap Llywelyn a Llywelyn ap Gruffudd.

Daeth y Brenin John i Aber yn ystod ei ymosodiad ar Wynedd ym 1211, a'r lle ar y pryd yn gartref i'w ferch Siwan a ddaethai'n wraig i Llywelyn ap Iorwerth ym 1205. Yno hefyd y bu farw aelodau o deulu brenhinol Gwynedd, ac oddi yno y cychwynnodd y cynebryngau brenhinol i Abaty Aberconwy yn achos Dafydd ap Llywelyn, a thros afon Menai i Lan-faes yn achos Siwan, gwraig Llywelyn ap Iorwerth, ac Elinor, gwraig Llywelyn ap Gruffudd.

I Aber yr anfonodd Edward I wŷs i Llywelyn ap Gruffudd fynychu ei senedd yn San Steffan, ac yno hefyd y ganwyd Gwenllian, unig blentyn Llywelyn ap Gruffudd, ym 1282. Bu John Pecham, Archesgob Caergaint, yn Aber ym 1282 yn trafod amodau heddwch gyda Llywelyn ap Gruffudd, Dafydd ei frawd a Chyngor y Tywysog. Yng Ngarth Celyn yr ysgrifennwyd llythyrau enwog Llywelyn ap Gruffudd at John Pecham ym 1282, ac ym 1284 bu

Yr enw Garth Celyn ar y copi o lythyr Llywelyn ap Gruffudd
at yr Archesgob Pecham

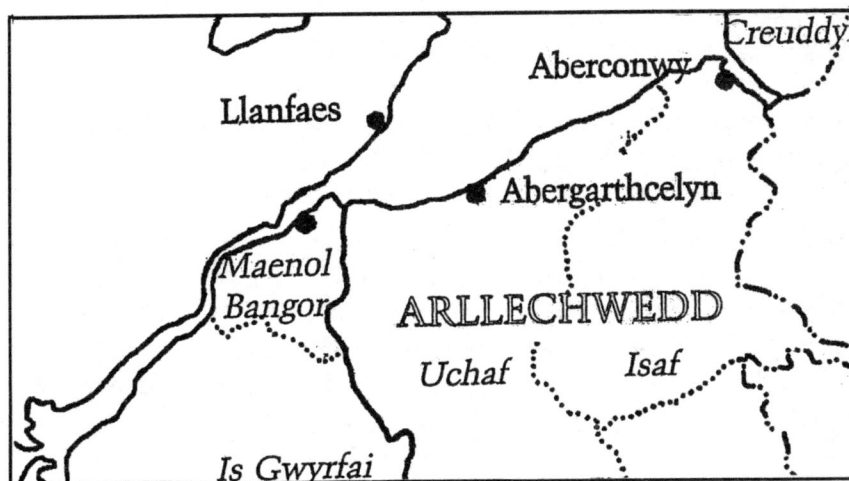

Yn Abergarthcelyn yr oedd llys cwmwd Arllechwedd Uchaf
yng nghantref Arllechwedd

Edward I yn aros yn Aber pryd y gorchmynnodd ei swyddogion i wneud ystent (arolwg) o'r llys a'r faerdref.

Gyferbyn ag Aber, dros afon Menai ar lan dde-ddwyreiniol Môn, mae Llan-faes. Yn y cyfnod dan sylw, dyma leoliad llys cwmwd Tindaethwy, Eglwys Catrin (eglwys gyfoethocaf Môn ym 1254) a Thŷ'r Brodyr Llwydion gyda'i eglwys lle claddwyd y tywysogesau Siwan ac Elinor, a Senena, mam Llywelyn ap Gruffudd. Mae'n debygol hefyd mai yno y claddwyd Isabella, gwraig y tywysog Dafydd ap Llywelyn. Dyma sefydliad cyntaf Urdd Sant Ffransis yng ngogledd Cymru.

Saif Aber rhwng Cadeirlan Bangor (lle claddwyd y tywysogion Llywelyn ap Cynan a'i fab, Owain Gwynedd) i'r gorllewin ac Abaty Aberconwy (lle claddwyd y tywysogion Llywelyn ap Iorwerth a'i fab, Dafydd ap Llywelyn) i'r dwyrain. Yn Nhŷ'r Brodyr Llwydion yn Llan-faes i'r gogledd roedd beddrod i'r tywysogesau – Siwan, gwraig Llywelyn ap Iorwerth, ac Elinor, gwraig Llywelyn ap Gruffudd. Mae safleoedd y tair claddfa frenhinol hyn bron yn amgylchu Aber.

Roedd canolfannau gan bedair urdd fynachaidd o fewn cyrraedd agos i Aber. Roedd Tŷ'r Brodyr Llwydion (Urdd Ffransisgaidd) yn Llan-faes a Phriordy Brodyr Sant Awstin ym Mhenmon i'r gogledd, Tŷ'r Brodyr Duon (Urdd y Dominiciaid) i'r gorllewin ym Mangor ac Abaty'r Brodyr Gwynion (Urdd y Sistersiaid) i'r dwyrain yn Aberconwy. Mae hyn yn arwyddocaol oherwydd ymddengys mai'r bwriad oedd sicrhau i Abergarthcelyn yr un patrwm â chanolfannau ar y cyfandir.

Roedd perthynas Llywelyn â'r Brodyr – Ffransisgiaid a'r Dominiciaid – yn wresog. Erbyn ei gyfnod ef, yr oedd gan y Brodyr wyth tŷ yng Nghymru; ceid un o bob un yng Nghaerdydd – fel yn Fflorens neu Siena, ystlysid y dref gan y Brodyr Duon a'r Brodyr Llwydion. Llawn mor dderbyniol i Lywelyn oedd cefnogaeth y Sistersiaid . . .

John Davies, *Hanes Cymru* (1990)

Abergarthcelyn oedd y brif fan i groesi'r Fenai i Fôn, ac roedd ysgraff (fferi) i gysylltu Aber a Llan-faes. Roedd Llan-faes wedi datblygu i fod y dref fwyaf yng Ngwynedd yn y drydedd ganrif ar ddeg, a chanddi borthladd prysur, marchnad, pysgodfeydd a chored. Tyfodd yn anheddiad o 120 o deuluoedd dros 90 erw, gydag ysbyty a meddygfa.

Porthladd Llan-faes oedd y cyswllt mordeithiol rhwng Gwynedd ac Iwerddon, Lloegr, yr Alban a'r cyfandir, a byddai'n fodd i'r tywysogion a'u cynrychiolwyr gynnal cysylltiadau gwleidyddol, crefyddol a masnachol rhwng Aber a chanolfannau grym eraill.

I'r gogledd o Aber gellid gweld Môn o Landegfan hyd Benmon ac Ynys Seiriol, gyda llys cwmwd Tindaethwy a thref a phorthladd Llan-faes union gyferbyn dros Draeth Lafan ac afon Menai. Yn ogystal, gellid gwylio symudiad llongau masnach yn mynd a dod i Lan-faes, a llongau rhyfel yn dod o Ddeganwy ac o Ruddlan i ymosod ar Fôn.

Oddi ar lechweddau'r ffridd uwchlaw'r llys yn Abergwyngregyn gellid edrych ar draws afon Menai tua'r tir lle'r oedd gwŷr y brenin yn medi'r cynhaeaf ac, efallai, yn paratoi ar gyfer ymosodiad ar y tir mawr.

J. Beverley Smith, *Llywelyn ap Gruffudd: Tywysog Cymru* (1986)

Buasai gweithgareddau'r fyddin estron dros y traeth yn hysbys i'r tywysog a'i wŷr gan mor glir y gellid gweld glannau'r ynys o'r Ffridd Ddu a'r llechweddau uwchlaw Abergwyngregyn. Gwelai Llywelyn y fyddin yn gwersylla wrth y man lle rhoed ei briod i orwedd ond ychydig cyn iddo golli meddiant ar y tir.

J. Beverley Smith, *Llywelyn ap Gruffudd: Tywysog Cymru* (1986)

I'r dwyrain gellid gweld Pen y Gogarth, a llethrau a chlogwyni serth y Penmaen-mawr – fel y Penmaen-bach ymhellach i'r dwyrain – yn codi o'r môr yn amddiffynfa naturiol rhag ymosodiad ar hyd y glannau. Yn ogystal, gellid gweld y ffordd i gyfeiriad Bwlch y Ddeufaen a arweiniai i Dal-y-cafn (yr hen ffordd Rufeinig a gysylltai gair Conovium yn Nyffryn Conwy â chaer Segontium ac i lawr i Aberconwy, sef llwybr ymosod y Brenin John a'i fyddin ym 1211). Gellid teithio ymlaen i fyny Dyffryn Conwy i Gastell Dolwyddelan.

I'r gorllewin gellid gweld Aberogwen a'r Penrhyn, a Llwybr yr

Offeiriad yn arwain o Eglwys Bodfan yn Aber i Nant Ffrancon hyd odre'r mynyddoedd. Hefyd gwelid ffordd yr ucheldir i lys cwmwd Is-Gwyrfai yng Nghaernarfon (yr hen ffordd Rufeinig o Conovium i Segontium) a gysylltai â'r ffordd i Gastell Dolbadarn, a'r ffordd i Gastell Dolwyddelan drwy Nant Ffrancon. Defnyddid y dramwyfa hon, a llwybrau'r mynydd-dir, i fynd i Gastell Dolwyddelan pan na fyddai'n ddiogel mynd drwy Ddyffryn Conwy. I'r de gellid gweld i fyny'r dyffryn y ffordd a ymrannai i ymuno â rhwydwaith o lwybrau i gyfeiriadau Hafod Celyn, Hafod Meuryn a Hafod Nant Rhaeadr, ffriddoedd y tywysog yn Nant Mawan, Nantysglain a'r Cras, ac ymlaen i fynyddoedd a chymoedd Eryri a'u diogelwch.

Ysbrydolwyd beirdd, nofelwyr a dramodwyr gan y digwyddiadau hanesyddol yn Aber; yn eu plith Llygad Gŵr, Gruffydd ab yr Ynad Coch a Gruffudd ap Dafydd ap Tudur yn yr Oesoedd Canol, a Thomas Parry, Saunders Lewis, Rhiannon Davies Jones, Gweneth Lilly a Gerallt Lloyd Owen yn ein cyfnod ni.

Mae enwau lleoedd yn Abergwyngregyn a'r cyffiniau yn ffynhonnell werthfawr ac yn cynnig tystiolaeth sy'n taflu goleuni ar hanes yr ardal, e.e. Cae Maes (tir agored a amaethid yn null yr Oesoedd Canol); Henfaes (*hen* – gwreiddiol; cymharer *henllys, henllan, henbont, henryd*); Henffordd; Ty'n yr Hendre; Pentre-du (*pentref*: pen draw neu ben eithaf y tir amaethyddol, lle codwyd cartrefi'r amaethwyr); Ty'n y Gerddi (safle gerddi llysiau'r faerdref); Garth Celyn, Cae Celyn, Hafod Gelyn (gweler Gweneth Lilly, 'Tystiolaeth Garth Celyn', *Y Traethodydd*, Gorffennaf 1998); Hafod Fadog; Cwrtiau; Ty'n y Mwd (*mwd* o *mwnt*, efallai; safle castell mwnt a beili); Llwyn Ednyfed (cyfeiriad, efallai, at Ednyfed Fychan, distain Llywelyn ap Iorwerth); Bod Silin; Nant Heilyn; Llwyn Ysgolaig (*ysgolhaig* – clerc); Bryn Llywelyn (y bryn lle saif Penybryn); Tai'r Meibion; Bryn Meddyg; Meuryn; Cras, Nant Mawan (Anafon heddiw), Nanhysglain a Hafod Meuryn, sef ffriddoedd y tywysog.

Yn hanesyddol mae Aber yn un o'r lleoedd pwysicaf yng Nghymru gyfan. Yno am gyfnod sylweddol iawn roedd prif lys a chartref teuluol llinach frenhinol Gwynedd a roddodd olyniaeth o lywodraethwyr a ddylanwadodd fwyaf ar hanes Cymru yn yr Oesoedd Canol. Mae'r dystiolaeth yn awgrymu mai Aber a ddatblygodd yn lleoliad prif orsedd llywodraeth Gwynedd wedi i lys Aberffraw ym Môn golli ei bwysigrwydd ar ôl marwolaeth Owain Gwynedd, a'i fod, yn sgil polisi Llywelyn ap Iorwerth, wedi datblygu i fod yn brif orsedd *Pura Wallia*, y rhan annibynnol o Gymru. Teg casglu mai yno y llunnid ac y penderfynid ar nifer o'r polisïau gweinyddol a gwleidyddol oedd yn ymwneud â pherthynas tywysogion Gwynedd â thywysogion eraill *Pura Wallia*, â llywodraethwyr gwledydd eraill ac â Rhufain. Y man hwn hefyd sy'n dwyn y cysylltiad cryfaf â Llywelyn ap Iorwerth, ei fab, Dafydd ap Llywelyn, a'i ŵyr, Llywelyn ap Gruffudd.

Teitl Llywelyn ap Iorwerth ar ddiwedd y ddeuddegfed ganrif oedd 'Tywysog Holl Ogledd Cymru', a chydnabuwyd y teitl gan Gyngor y Tywysogion yn Aberdyfi ym 1216. Ychwanegodd y teitl 'Tywysog Aberffraw ac Arglwydd Eryri' ym 1230. Derbyniodd Llywelyn ap Gruffudd gydnabyddiaeth allanol i'w deitl 'Tywysog Cymru' gan Harri III, brenin Lloegr, a'r Cardinal Ottobuono, llysgennad y Pab, drwy Gytundeb Trefaldwyn ym 1267. Ar sail y dystiolaeth mae Abergwyngregyn yn teilyngu ymchwiliad archaeolegol llawn a fyddai'n cwmpasu'r holl ardal, gan gynnwys Penybryn a Thy'n y Mwd, er mwyn amlygu a diogelu i'r dyfodol pa olion bynnag sy'n weddill o'r cyfnod dan sylw.

* * *

Ystyriwn yn awr y llythyrau gwleidyddol sy'n gysylltiedig ag Abergarthcelyn.

Yn Nhachwedd 1282 mae John Pecham, Archesgob Caergaint, yn mynychu cynhadledd heddwch yn Abergarthcelyn ar ran Edward I a Senedd Lloegr. Yn cynrychioli'r Cymry mae'r Tywysog Llywelyn ap Gruffudd, a gafodd brofedigaeth bersonol fawr ym Mehefin y flwyddyn dyngedfennol honno gyda marwolaeth ei wraig Elinor ar enedigaeth eu hunig blentyn, Gwenllian.

Gyda Llywelyn yn y trafodaethau mae Dafydd ap Gruffudd, ei frawd, a Chyngor y Tywysog. Mae'r cyfarfodydd yn cael eu cynnal rhwng 3 a 6 Tachwedd.

Mae'r lluoedd Seisnig wedi meddiannu'r rhan helaethaf o Wynedd Is-Conwy ac wedi ymsefydlu yn Rhuddlan. Mae llongau Edward I wedi cludo marchogion a gwŷr traed i Fôn, ac mae lladd ac ysbeilio'n digwydd dros yr ynys, gan gynnwys llosgi eglwysi, llysoedd y cymydau a bythynnod y werin, ynghyd â llosgi eithin a choedlannau i geisio'r sawl sydd wedi ffoi ac ar herw.

Bydd y fyddin, sydd ar y funud yn ymgasglu dan arweiniad Edward I, yn un ddychrynllyd o sylweddol. Erbyn iddi chwyddo i'w llawn faint mae ynddi 5,000 o wŷr traed, 1,000 o filwyr o Swydd Amwythig, 2,000 o Gaer a 1,000 o dde-orllewin tir y Mers, sef swyddi Henffordd a Chaerloyw. Hefyd at wasanaeth y brenin mae 1,313 o wŷr traed sy'n arbenigo mewn saethu'r bwa croes, 210 o wŷr meirch o Gasgwyn, Ffrainc, ynghyd â 400 o farchogion wedi'u hyfforddi i drin y bicell hir. Ac i gefnogi ar y môr mae ganddo 40 o longau.

Cyn y trafodaethau mae Pecham wedi derbyn cwynion y Cymry yn erbyn y gormes mewn dau lythyr yn benodol o Wynedd, y naill gan Llywelyn a'r llall gan Dafydd, ei frawd. Dyma gynnwys llythyr Llywelyn ar 11 Hydref. Mae'r amgylchiadau sy'n cael eu disgrifio yn ein hatgoffa o'r math o weithredoedd erchyll a gyflawnwyd yn Kosovo a Bosnia yn ddiweddar, ac sy'n digwydd ar hyn o bryd yn Chechnya.

At yr Arglwydd John trwy ras Duw archesgob Caer-gaint Pen eglwys holl Loegr.

Gyda phob anrhydeddus barch rhown ein gwir ddiolch i chwi am eich trafferthion costus a phoenus yn eich cariad amlwg tuag atom ni a'n cenedl. Yn eich gwahoddiad i ni ddod i heddwch y brenin ni allwn lai na datgan ein bod yn barod ac yn awyddus i wneud hynny, fel y gall y brenin yntau gadw'r heddwch tuag atom ninnau. Dymunwn hefyd eich arhosiad yng Nghymru, eto gobeithiwn na fydd unrhyw rwystr i sefydlu heddwch yn fuan. Gobeithiwn weld sefydlu'r heddwch trwy eich llaw chwi yn hytrach nag unrhyw un arall, fel na fydd angen dod â'n hawyddfryd i sylw'r Pab.

Ni fydd gofyn ychwaith i'r brenin ddefnyddio trais yn ein herbyn, yr ydym yn addo ufudd-dod ym mhopeth os anrhydeddir ein cyfraith a'n hawliau.

Er fod teyrnas Loegr dan fendith arbennig y Pab, eto pan ddaw ei arglwyddiaeth a Llys Rhufain i wybod am y dinistr mawr a achoswyd i ni gan y Saeson: cytundebau heddwch wedi eu rhoi dan lw yn awr wedi eu hanwybyddu a'u torri; ysbeilio a llosgi ein heglwysi; llofruddio gwasanaethwyr yr eglwys, yn ordeiniedig a lleyg; llofruddio gwragedd a mamau; dinistrio ein hysbytai a thai crefyddol; llofruddiaeth dynion a gwragedd ar dir cysegredig, hyd yn oed o flaen allorau; gobeithiwn y byddwch chwi a Llys Rhufain yn gweld ein cystudd, yn tosturio wrthym ac nid yn ein cosbi.

Nid yw'n fwriad gennym darfu ar nac ymyrryd o gwbl yn nheyrnas Loegr, dymunwn weld gorseddu heddwch tuag atom ni a'n pobl.

Nid oes amheuaeth pwy sy'n ymhyfrydu mewn rhyfel a thywallt gwaed, y mae eu gweithredoedd yn amlygu eu hymddygiad.

Yn unig dymunasom fyw ar yr hyn oedd eiddo i ni ond daeth y Saeson gan wanu popeth â'u cleddyf heb arbed merched, henoed na'r claf; heb barchu eglwys na thŷ crefydd; yr hyn ni wnaethai'r Cymry erioed.

Gofidiwn o glywed am yr un a laddwyd ar ôl talu ei ddirwy, nid ydym yn arddel y troseddwr, y mae wedi dianc ac ar ffo yn y coedwigoedd. Nid oedd yn hysbys i ni hyd yn awr am ddechreuwyr y rhyfel hwn. Dywedir fod ei gychwyniad yn anghyfiawn ond fe'n hysbysir gan y rhyfelwyr nad oeddynt yn ddiogel yn eu tai a'u bod wedi eu gorfodi i wisgo arfau. Mewn ofn y bu iddynt gychwyn eu hachos.

Am ein troseddau yn erbyn Duw, gyda chymorth ei ras, fe drown ato ac edifarhau fel y dylai pob Cristion. Ni ddymunwn barhau'r rhyfel, dymunwn fyw yn ôl ein harfer, yn ddiogel, ac eto yn wyneb cael ein lladd a'n hysbeilio ni allwn lai nag amddiffyn ein hunain.

Mewn achos o arolwg teg o gamweddau'r ddwy blaid yr ydym yn addo gwneud iawn am bob drwg neu ddifrod a wnaethpwyd gennym, hyd eithaf ein gallu. Rhoddir yr addewid yma mewn gobaith y bydd i'r brenin wneud yn gyffelyb. Yr ydym yn fwy na pharod i weld heddwch, ond ym mha fodd y daw tra bo siarter y brenin er wedi ei chadarnhau yn aros heb ei gweithredu a'i chadw?

Gormesir ein pobl yn ddyddiol gan drethi cynyddol ac yr ydym wedi amgáu rhestr o'r troseddau a wnaed i'n herbyn yn groes i addewidion yr heddwch blaenorol.

Yr ydym wedi codi arfau am fod amgylchiadau yn ein gorfodi. Yr ydym ni a'n pobl wedi ein gormesu cymaint, wedi ein sathru dan draed, wedi ein difetha a'n dwyn i gaethiwed gan swyddogion y brenin, ymron yn yr un modd â'r Saraseniaid a'r Iddewon.

Lawer gwaith y bu i ni gwyno i'r brenin heb gael dim cyfiawnder, yn wir bob tro gwelid creulondeb y swyddogion yn cynyddu. Fel y cyfoethogid y swyddogion trwy eu twyll aent yn fwy chwantus gan reibio'r rhai a ysbeiliwyd eisoes. Y mae'n well gan y bobl farw na byw tan y fath orthrwm.

Nid oes angen codi byddin i ryfela yn ein herbyn na defnyddio swyddogion eglwysig i sicrhau heddwch gwirioneddol. Ni ddylech, Barchedig archesgob, roi coel i holl dystiolaeth ein gelynion, y maent mor barod i'n henllibio a'n cyhuddo'n gelwyddog ag ydynt i'n gormesu mewn gweithred. Gwnânt eu cyhuddiadau er mantais hunanol.

Y maent hwy bob amser gyda chwi, a ni yn absennol; hwy yn gormesu a ninnau'n orthrymedig.

Dymunwn ar y chwi, er mwyn yr Un na ellir cuddio dim byd rhagddo, i beidio â chredu eu geiriau, ond i edrych yn hytrach ar eu gweithredoedd. Felly, gyda'r deisyfiad yma dywedwn ffarwel.

Ei was ffyddlon a gostyngedig, Llywelyn ap Gruffudd, Arglwydd Eryri a Thywysog Cymru.

Rhoddwyd yng Ngarth Celyn, 11 Hydref 1282

Â byddin Lloegr wedi meddiannu Llan-faes, mae'r Archesgob Pecham a'i uchel-swyddogion yn cyrraedd llys Garth Celyn. Mae'r trafodaethau'n agor gyda Pecham yn darllen llythyr Llywelyn sy'n cynnig telerau heddwch, a hynny yng ngŵydd Cyngor y Tywysog.

Yn ddiweddarach, tra bo Cyngor y Tywysog yn trafod y cynigion, mae Pecham yn dwyn Llywelyn o'r neilltu i gael gair personol ag ef, ac yn cyflwyno cynigion iddo yn ddirgel. Cynigir iddo stad yn Lloegr gwerth £1,000 y flwyddyn mewn rhenti deiliaid – mewn gair, safle barwn cyffredin - ar yr amod ei fod yn trosglwyddo Eryri i Edward I fel eiddo personol yn gyflawn ac am byth. Hefyd, o dderbyn yr amod, dywedir wrth Llywelyn y bydd pendefigion Lloegr yn ceisio darbwyllo'r brenin i ddarparu dros Gwenllian, merch Llywelyn.

Ychydig ddyddiau wedi i Pecham ymadael â Garth Celyn mae Llywelyn yn llunio llythyr iddo. Ag ystyried yr amgylchiadau enbyd, a'r bygythiadau o bob tu, mae ateb Llywelyn yn rhyfeddol o ddisgybledig ac urddasol.

At y Parchedig Dad, Ioan, Archesgob Caer-gaint, Llywelyn, Tywysog Cymru ac Arglwydd Eryri, yn anfon annerch.

Sanctaidd Dad, yn unol â'ch cyngor, yr ydym yn barod i ddyfod i heddwch â'r brenin, ond eto mewn dull diberygl a gweddus i ni ein hunain. Ond gan nad ydyw y dull cynwysedig yn y telerau danfonedig atom ddim yn y lleiaf yn weddus nac yn ddiberygl, fel yr ymddengys i ni a'n cyngor, ac am ba un y mae pawb a'u clywsant yn rhyfeddu'n fawr, am ei fod yn tueddu yn fwy i'n dinistr, a distryw ein pobl a ninnau, nac i'n hanrhydedd a'n diogelwch; ni âd ein cyngor i ni mewn un modd gytuno iddo, pe dymunem; a'r pendefigion eraill hefyd, a'r bobl dan eu llywodraeth, ni chydsyniant iddo, oherwydd y dinistr a'r dilead diamheuol a ddigwyddent o hynny.

Ond eto erfyniwn ar eich Tadoldeb, gan eich bod wedi llafurio cymaint hyd yn hyn tuag at ffurfio heddwch dyledus, gweddus, a diogel, y bydd i chwi barhau hynny, gan ddwys ystyried y telerau y rhai a ddanfonasom atoch yn ysgrifenedig. Oherwydd y mae yn fwy anrhydeddus ac yn fwy cyson a chywirfarn, fod i ni, y rhai sydd gennym hawl i'r tiroedd, eu dal hwy dan yr arglwydd Frenin, na'n dietifeddu ni a'u traddodi i ddieithriaid.

Rhoddwyd yng Ngarth Celyn ar ddydd
Gŵyl San Farthin (11 Tachwedd)

Ac i gefnogi Llywelyn mae Cyngor y Tywysog, y pendefigion (*magnates* – gwŷr mawr), yr arweinwyr crefyddol a phrif swyddogion gweinyddiaeth y tywysog hefyd yn llunio ateb ysgrifenedig i Pecham. Dyma enwau rhai unigolion a wasanaethodd Llywelyn yn ystod ei flynyddoedd olaf. Mae'n fwy na phosibl y byddai nifer dda ohonynt wedi bod yn bresennol fel aelodau Cyngor y Tywysog neu fel clercod yng Ngarth Celyn yn y cyfarfod hwn: Dafydd ap Gruffudd, brawd Llywelyn; Anian, Esgob Bangor; Goronwy ap Heilyn (distain y Tywysog, sef prif weinidog a phennaeth y gwasanaeth sifil a'r ganghelloriaeth); Meistr Iorwerth neu Iorwerth o Lanfair (is-ganghellor, ac ysgolhaig – clerc – i'r Tywysog; mae'n bosibl mai ef a fyddai'n gyfrifol am ysgrifennu llythyrau Llywelyn i John Pecham); Richard o'r Wyddgrug (trysorydd i'r Tywysog); Madog Fychan (Canon Bangor ac ysgolhaig); Yrewyn, Alanus (de), Philip ab Ifor a Madog filius Magistri (ab y Meistr) (llysgenhadon i'r Tywysog); Dafydd ab Ithel (ysgolhaig); y Brawd William o Lan-faes (Urdd y Brodyr Llwydion); Einion ap Llywarch (twrnai i'r Tywysog); Bleddyn ap Llywelyn (cyfrifydd i'r Tywysog); Dafydd ab Einion, Cynfrig ab Ednyfed, Tudur ap Ednyfed ac Einion ap Caradog (cyflafareddwyr a thrafodwyr cytundebau i'r Tywysog); Hywel ap Cynfrig (rhaglaw cwmwd Arllechwedd Uchaf); Gruffydd Fychan; Pyll Goch; Dafydd ap William; Mordic Ddu; William ap Daniel; Hywel ap Cyn (Cynddelw neu Cynfrig); Tudur ap Goronwy. Mae eu hateb yn dangos bod Llywelyn wedi rhoi gwybod iddynt am y cynigion dirgel a dderbyniasai.

> Ni ddylai'r Tywysog daflu i'r naill ochr ei etifeddiaeth ei hun ac eiddo ei hynafiaid yng Nghymru a derbyn tir yn Lloegr ac yntau'n anghyfarwydd â'r iaith, y ffordd o fyw, y deddfau a'r arferion yno . . . Bydded hysbys hyn: ni chaniatâ ei Gyngor iddo ildio . . . a hyd yn oed pe bai'r Tywysog yn dymuno trosglwyddo (ei bobl) i feddiant y Brenin, ni fynnant hwy wneud gwrogaeth i'r un dieithryn, a hwythau'n gwbl anghyfarwydd â'i iaith, ei ffordd o fyw a'i ddeddfau. Wrth dderbyn hynny gallent orfod dioddef cael eu caethiwo a'u trin yn greulon fel y cafodd cantrefi eraill . . . eu trafod gan feiliaid y brenin a hynny mewn dull mwy creulon nag eiddo'r Saraseniaid.

Mae Dafydd hefyd yn derbyn cynigion personol yn y dirgel yng Ngarth Celyn. Darllenir iddo'r amod canlynol gan Pecham neu gan un o'i uchel-swyddogion, sef bod Dafydd yn ymuno â'r Groesgad ym Mhalesteina:

Os, er clod i Dduw ac iddo'i hun, y cymer ef y groes ac yr â i'r Tir Sanctaidd, darperir iddo yn anrhydeddus, ond ar y telerau na ddychwelai oni elwid arno trwy diriondeb y brenin . . . Yr ydym yn ysgrifennu pethau celyd, ond llawer caletach fyddai rhuthro arnoch trwy nerth arfau, ac yn y diwedd eich hollol ddiddymu; ac y mae'r peryglon hyn yn cynyddu yn barhaus. Eto, peth anodd iawn yw bod bob amser mewn rhyfel; byw mewn blinder corff ac ysbryd, a beunydd yn ymdroi mewn dichellion, ac heblaw hynny, byw a marw mewn pechod marwol diderfyn a chasineb.

Yna, mae Pecham yn bygwth esgymuno Dafydd am ei weithredoedd yn erbyn y Brenin. Mae Dafydd yn ateb ar lafar, ac mae clerc Pecham yn cofnodi:

Pan elo ef (sef Dafydd) i'r Tir Sanctaidd, ef a â o'i fodd ac o'i galon i Dduw ac nid i ddynion; a thrwy ganiatâd Duw nid â yno yn anfoddlawn, canys gŵyr fod gwasanaeth trwy drais yn anfoddlawn gan Dduw . . . nid yw y Tywysog a'i bobl yn cynnal rhyfel yn erbyn neb o achos casineb neu elw, trwy ymosod ar diroedd eraill; ond er amddiffyn eu hetifeddiaeth a'u breintiau, a'u rhyddid eu hunain; a'r arglwydd Frenin a'i bobl a gynhaliant ryfel er mwyn hen gasineb ac ysbeilio ein tiroedd ni. Rydym yn credu ein bod yn cynnal rhyfel cyfiawn, a gobeithiwn yn hyn y bydd i Dduw ein cynorthwyo, a thrwy Ei ddwyfol ddialedd yn erbyn difrodwyr yr eglwysi, y rhai yn llwyr a ddinistriasant, ac a losgasant, ac a ysbeiliasant o'u dodrefn sanctaidd; a laddasant yr offeiriaid, y crefyddwyr llenyddol, y cloffion, y byddariaid, y mudion, y plant yn sugno bronnau, y methedig, a'r cystuddiedig, heb arbed na gwryw na benyw; felly bydded ymhell oddi wrth eich Sanctaidd Dadoldeb daranu unrhyw ddedfryd yn erbyn neb oddi eithr y sawl a gyflawnasant y cyfryw bethau . . .

Canlyniad derbyn llythyr Llywelyn a llythyr ei Gyngor fu i'r trafodaethau ddod i ben. Mae'r Archesgob Pecham yn dychwelyd at Edward I gan felltithio cyfraith Cymru, sef Cyfraith Hywel, ac annog y brenin i goncro'r wlad oherwydd dyna'r unig waredigaeth a'r unig ffordd i ddileu barbariaeth yng Nghymru.

Roedd Llywelyn a Dafydd, drwy eu penderfyniadau yn nhrafodaethau Garth Celyn, mewn gwirionedd wedi eu condemnio eu hunain i farwolaeth. Gallasai'r naill a'r llall fod wedi derbyn telerau Edward I, torri eu henwau dan yr amodau a cherdded allan gan sicrhau eu bywydau o leiaf. Ond yn yr awr fwyaf cyfyng yn eu hanes, mae'r ddau yn sefyll yn driw i'w pobl ac i'w gweledigaeth wleidyddol a diwylliannol er gwybod yn burion fod drws ymwared wedi ei gau.

Ymhen mis, mae Llywelyn wedi ei ddienyddio ar gwr Buallt; ymhen un mis ar ddeg mae Dafydd ei frawd wedi ei ddienyddio yn Amwythig, ac ymhen deng mis wedi lladd Dafydd mae Edward I ei hun yng Ngarth Celyn, yn treulio wythnos yno gyda'i osgordd rhwng 22 a 28 Awst 1284, yn awdurdodi ei swyddogion i wneud ystent o'r llys a'r faerdref.

Mae'r llythyrau hyn ymysg dogfennau pwysicaf Cymru, ac maent i'w cymharu â llythyr Pennal Owain Glyndŵr ac â Datganiad Arbroath ym 1330 dros annibyniaeth yr Alban.

Fel hyn y disgrifiwyd y llythyrau gan John Davies: ' . . . mae'r dogfennau a luniwyd . . . ymhlith cyfansoddiadau aruchel y genedl Gymreig'; a chan Rees Davies: 'amddiffyniad huawdl a hynod urddasol o'u gwrthryfel fel brwydr i ddiogelu eu hunaniaeth genedlaethol fel pobl'.

Mae copïau mewn Lladin llaw-fer o'r llythyrau, a wnaed ar y pryd gan glercod Archesgob Pecham, yn cael eu cadw yn llyfrgell Palas Lambeth, sef cartref traddodiadol Archesgob Caer-gaint, yn Llundain. Maent yn rhan o gofnodion neu gofrestr yr archesgob o dan y teitl *Registrarum Epistrolarium Johannis Peckham Archiepiscopi Cantuariensis*. Mae'n hanfodol fod copïau o'r dogfennau hanesyddol hyn yng Nghymru.

Fe ddylent fod ar gael i'w gweld gyda fersiynau Cymraeg ohonynt yn y Llyfrgell Genedlaethol yn Aberystwyth ac yn Archifdy Gwynedd yng Nghaernarfon. Fe ddylent gael eu harddangos yn gyhoeddus yn Siambr Cyngor Gwynedd yng Nghaernarfon ac yn Siambr y Cynulliad Cenedlaethol yng Nghaerdydd. Fe ddylent, yn ogystal, gael eu harddangos yn Abergarthcelyn ei hun, a hynny mewn canolfan ddehongli hanes.

Oherwydd pwysigrwydd allweddol Abergwyngregyn i'n

dealltwriaeth o'r drydedd ganrif ar ddeg yng Nghymru – cyfnod mor dyngedfennol i ni fel cenedl – mae'r ardal yn teilyngu canolfan dreftadaeth genedlaethol. Byddai canolfan o'r fath yn dehongli'n gyflawn, trwy gyfrwng y dechnoleg ddiweddaraf, ran nodedig y man arbennig hwn yn hanes Cymru, gan gyflwyno i'r cyhoedd ddarlun byw o Abergarthcelyn y tywysogion.

(Cyhoeddwyd y trosiad o lythyr 11 Hydref Llywelyn gan Gymdeithas Cof y Genedl. Cyfieithiadau Carnhuanawc yw'r llythyrau eraill a ymddangosodd yn ei *Hanes y Cymry* ac a atgynhyrchwyd yn *Cymru Fu*.)

Trigfan y Trisant
Dr Enid Pierce Roberts

'Trigfan y Trisant': dyna y galwodd Cynddelw Brydydd Mawr Feifod tua'r flwyddyn 1156.[1] 'Trefred' oedd y gair a ddefnyddiodd ef, ond gan fod hwnnw'n ddieithr i ni heddiw defnyddiais un o'r termau a rydd *Geiriadur Prifysgol Cymru* amdano, sef 'trigfan'. A gallai 'Meifod a Mathrafal' fod wedi bod yn bennawd llawn cystal i'w ddefnyddio ar gyfer y testun hwn. Y gred gyffredinol yw i eglwys Meifod ddod yn bwysig am mai hi oedd eglwys y llys brenhinol ym Mathrafal ryw filltir a hanner i ffwrdd, ond mewn gwirionedd y gwrthwyneb sy'n gywir: y sefydliad crefyddol ym Meifod a roddodd fod i bwysigrwydd Mathrafal.

Pan benderfynwyd mai ar dir fferm Mathrafal y cynhelid Eisteddfod Genedlaethol 2003 bu cryn drafod ar y syniad o gyhoeddi rhywbeth am hanes llys brenhinol Powys ar y maes (Ma-) yn y triongl (-trafal) – Mathrafal – ger cydiad y ddwy afon Efyrnwy a Banw. Y gred gyffredinol am rai canrifoedd oedd i brif lys Powys gael ei symud o Bengwern Powys (lle mae Amwythig heddiw) i Fathrafal pan feddiannodd y Saeson ardal Amwythig yn yr wythfed ganrif, ac er bod bron can mlynedd er pan ddangosodd Syr John Edward Lloyd mai'r cyntaf i gyflwyno'r syniad hwn oedd David Powel yn ei lyfr *Historie of Cambria* (1584), a hynny heb unrhyw sail i'w ddamcaniaeth, mae'r camsyniad yn dal i gael ei ailadrodd hyd heddiw.[2] Awgrymwyd hefyd bod llys Mathrafal wedi ei godi ar olion sefydliad Rhufeinig, ond siom ar ôl siom a gafwyd wrth archwilio. Pan gloddiwyd y llecyn rhwng 1927 a 1930 ni chafwyd dim olion cynnar, ac ni ddarganfuwyd olion Rhufeinig pan chwiliwyd eto yn y chwedegau. Pan archwiliwyd a chloddio ar raddfa lawer ehangach rhwng 1985 a 1989, gan ddefnyddio dulliau ac offer mwy modern, ni ddarganfuwyd gweddillion cynharach na 1204.[3] Y gwir plaen yw na fu erioed lys brenhinol ym Mathrafal.

* * *

Gan y Gogynfeirdd, beirdd llys tywysogion y ddeuddegfed ganrif, y ceir y cyfeiriadau cynharaf at Fathrafal. Mewn marwnad i Fadog ap Maredudd, tywysog olaf Powys unedig a fu farw ym 1160, mae Cynddelw Brydydd Mawr yn rhestru rhai o'r brwydrau a ymladdwyd gan wŷr Powys dan arweiniad Madog. Yn eu plith nodir brwydr maes Mathrafal, a chyfeirir at y modd yr oedd y tywyrch wedi eu sathru dan draed meirch gwych. Nid oes sôn am unrhyw adeilad nac amddiffynfa ar y llecyn.[4] Yn ddiweddarach yn y ganrif mae un arall o'r Gogynfeirdd, Llywarch ap Llywelyn, Prydydd y Moch, mewn cerdd fawl i Ruffudd ap Cynan ab Owain Gwynedd (a fu farw ym 1200), yn sôn am wŷr Gwynedd yn ymosod ar Bowys ac am gastell Mathrafal yn cael ei ddinistrio a'i losgi.[5] Mae'n debyg mai castell pren oedd yno cyn y flwyddyn 1200. Ni chrybwyllir Mathrafal yng nghanu Cynddelw Brydydd Mawr i Dysilio, ond mae'r bardd yn hael ei glod i Feifod, gan ddweud bod yno fynachlog hardd, firain, a chroeso arbennig i'r bardd.

Ym Mrut y Tywysogion y ceir yr wybodaeth nesaf. Gorchmynnodd y Brenin John i Robert Vieuxpont (Fypwnt, fel y galwai'r Cymry ef) godi castell ym Mathrafal. Ym 1212 ymosodwyd ar y castell gan nifer o dywysogion Cymru dan arweiniad Llywelyn ap Iorwerth (a Gwenwynwyn, tywysog Powys a gor-nai Madog ap Maredudd, yn eu plith), ond daeth y brenin ei hun a dirfawr lu ganddo, eu hymlid ymaith a llosgi'r castell – sy'n awgrymu mai castell pren oedd hwnnw hefyd.[6] Nid atgyweiriwyd mo'r castell ar ôl hynny. Cyn diwedd y drydedd ganrif ar ddeg yr oedd yno faenor yn perthyn i dywysog Powys, sef uned diriogaethol a gweinyddol yn cynnwys nifer o amrywiol drigfannau, a bu pencadlys ar y llecyn lle byddid yn arwyddo dogfennau o bryd i'w gilydd hyd ddechrau'r bymthegfed ganrif o leiaf.[7]

Oddi wrth yr ychydig fanylion hyn sylwer ar ddau beth. Yn

gyntaf, gan y beirdd llys y ceir yr wybodaeth; maent yn amlwg yn gwybod hanes y tywysogion ac yn ei gadw. Yn ail, ganol y ddeuddegfed ganrif yr oedd mynachlog hardd, gyfoethog a phwysig ym Meifod.

* * *

Y mae'n bosibl i Gristnogaeth gyrraedd y dyffryn hwn yn weddol gynnar. Meudwyaid oedd rhai o'r Cristnogion cynharaf i gyrraedd Cymru, unigolion yn chwilio am le diarffordd lle gallent weddïo a myfyrio ar Dduw, rhoi eu meddwl yn llwyr arno a disgwyl clywed ei lais; unigolion yn chwilio am le unig, *desertum*, y gair a roes 'diserth' yn Gymraeg. Mae lle yn dwyn yr enw hwnnw yn ymyl y Trallwm, ychydig i'r de o'r Castell Coch. Gyferbyn ag eglwys Meifod mae Gallt yr Ancr, atgof am feudwy caeth. Ni wyddom enw'r ancr nac ychwaith i ba gyfnod yr oedd yn perthyn: ai meudwy cynnar iawn ydoedd, ynteu rhywun yn perthyn i gyfnod diweddarach a oedd yn dyheu am unigedd a chael cilio o ddwndwr y byd.

Derbynnir yn gyffredinol mai un modd y treiddiodd Cristnogaeth i Gymru oedd trwy gyfrwng y rhai oedd yn canlyn y lluoedd Rhufeinig; y *camp followers*, swyddogion sifil, crefftwyr, marsiandwyr, addysgwyr a'u gwragedd. Ychydig i'r de-ddwyrain o Amwythig, ger afon Hafren, yr oedd caer a thref Rufeinig Viroconium, Wroxeter. Mae'n bur sicr y byddai Cristnogion yno. Beth a ddigwyddodd iddynt pan alwyd y lluoedd Rhufeinig yn ôl ar ddechrau'r bumed ganrif? Meddylier am leoliad Viroconium, ar lan afon Hafren; mae afon Efyrnwy yn llifo i mewn i'r Hafren ychydig filltiroedd o Feifod, islaw'r Felwern. A grwydrodd rhai o'r Cristnogion i fyny'r dyffryn i'r *pagenses* (y gair a roddodd yr enw Powys i ni), gwlad y *pagani*?

Erbyn tua'r flwyddyn 500 gallwn synhwyro bod rhywbeth pur debyg i genhadu bwriadol yn digwydd, gyda mwy nag un sant yn mynd i'r un cyfeiriad. Yn gynnar yn y chweched ganrif yr oedd seintiau o arfordir gorllewin Cymru, o'r sefydliad ar y Tywyn rhwng aber afonydd Dysynni a Dyfi ac o sefydliad Llanbadarn, yn treiddio i'r rhan hon o'r canolbarth: Cadfan a'i ddilynwyr,

Tydecho, Llonio, Cynon, Cynyw a Thrunio. Yna daeth Cynfelyn a rhai o deulu, tylwyth neu ddilynwyr Padarn i Lanerfyl lle bu farw'r ferch Rostice a'i chladdu yn dair ar ddeg oed.[8] Erbyn canol y chweched ganrif yr oedd y tir yn sicr yn cael ei fraenaru.

Y sant cynharaf ym Meifod y gwyddom ei enw yw Gwyddfarch. Mae'r elfen 'march' yn yr enw yn awgrymu gŵr o uchel dras, o hil marchogion, rhywun fu'n rhan o'r bywyd arwrol, rhyfelgar ar un adeg. Oes arwrol oedd y cyfnod o ganol y bumed ganrif i ganol y seithfed; dyna hefyd oes y seintiau. Patrwm cyffredin cymdeithas oedd pennaeth dewr, rhyfelgar, a chanddo fintai o wŷr yr un mor ddewr; rhyfel ac ymladd oedd eu ffordd o fyw. O bryd i'w gilydd ceid mab a ymwrthodai â hyn i gyd gan ddewis bywyd unig, myfyrgar, defosiynol y sant. Ystyr y gair 'sant' oedd un a gysegrai ei fywyd yn llwyr i wasanaethu Duw. Yr oedd Cynan Garwyn, brenin Powys yn ail hanner y chweched ganrif, yn wr eithriadol o ryfelgar. Yn ôl ei fardd, Taliesin, gwnaeth gyrchoedd llwyddiannus i Went, Môn, Dyfed a Chernyw, a bu'n brwydro ac yn llosgi ym Mrycheiniog nes bod y brenhinoedd i gyd yn crynu gan ofn.[9] Ond ymwrthod â hyn i gyd a wnaeth ei frawd Tysilio a mynd i Feifod at Gwyddfarch. Yma sefydlodd glas, sef mynachlog Geltaidd, fwy na thebyg ar dir a gafodd gan ei frawd (neu efallai ei dad). Mae mynwent Meifod yn eithriadol o helaeth, yn ymestyn dros tua phedair erw, sef tiriogaeth yr hen glas o bosibl, a darganfuwyd olion amryw adeiladau ar y llecyn o bryd i'w gilydd. Yr oedd yno ddau addoldy, sef eglwys Tysilio ac eglwys Gwyddfarch yr oedd ei holion i'w gweld ychydig i'r gorllewin o'r eglwys bresennol ganol yr ail ganrif ar bymtheg. Roedd cof amdani'n parhau hyd ddechrau'r ddeunawfed ganrif.[10]

Tua diwedd y chweched ganrif ymunodd Beuno o Aberriw â Thysilio. Pan ymadawodd y ddau a rhai o'u dilynwyr, efallai i arwain cenhadaeth i ogledd a gogledd-ddwyrain Cymru,[11] yr oedd seiliau'r clas yn gadarn, a gallwn fod yn sicr fod yno arweinydd cymwys i ofalu amdano, er na wyddom ei enw; heb hynny ni fyddai wedi datblygu. A rhaid bod yno gyfres o arweinwyr galluog wedi hynny, o leiaf yn ysbeidiol, i'r sefydliad fod mewn cyflwr mor llewyrchus ganol y ddeuddegfed ganrif. Beth a ddigwyddodd i Gwyddfarch? Tybed a ymneilltuodd, ai ef oedd yr ancr?

Yr oedd y clas yn bur wahanol i'r mynachlogydd mawr, estron a ddaeth i'r wlad i ganlyn y Normaniaid ryw chwe chanrif yn ddiweddarach. Yn syml, cymuned o grefyddwyr yn byw ynghyd dan arweiniad offeiriad neu abad, neu esgob ambell waith, oedd clas. Ar y dechrau, ac am ryw gyfnod, byddai yno fywyd teuluol, oherwydd nid oedd yr offeiriaid o reidrwydd yn gorfod derbyn gwyryfdod. Byddai ffens o fath o amgylch y tir. Oddi mewn byddai eglwys fechan a chell i'r sant a sefydlodd yr eglwys fyw ynddi, a byddai pawb a ymunai ag ef, yn unigolion ac yn deuluoedd, yn codi adeilad i fyw ynddo. Byddai rhai o'r dynion yn offeiriaid, ond nid mynaich yn eu celloedd mohonynt; byddent yn mynd allan i'r wlad oddi amgylch i efengylu gan sefydlu ambell eglwys, ond yn dychwelyd o bryd i'w gilydd at eu tad yn Nuw ym Meifod. Felly, yn raddol, deuai'r eglwys wreiddiol yn fam-eglwys i'r eglwysi a sefydlwyd gan y dynion hyn, ac yn y modd hwnnw y daeth Meifod yn fam-eglwys i ardal a honno'n graddol ehangu.

Byddai rhai o'r dynion eraill yn trin y tir neu'n grefftwyr, gan ofalu am anghenion y gymuned. Y tebyg yw y byddai gan y clas ryw gymaint o dir o'i eiddo'i hun. Pe digwyddai i aelod o deulu uchelwrol ymuno gallai neilltuo darn o dir at wasanaeth y clas, ac yr oedd yna lawer o dir comin yr adeg honno. Heddiw cymerwn yn ganiataol fod pob llathen o dir yn perthyn i rywun neu'i gilydd, ond syniad cymharol ddiweddar yw hynny.[12]

Byddai o leiaf rai o'r offeiriaid yn wŷr llythrennog, yn medru darllen ac ysgrifennu, er nad oedd yna lawer o ddeunydd darllen i'w gael ar y dechrau. Yr oedd testunau ysgrifenedig yn eithriadol o brin yn y chweched ganrif, ond byddai digon o astudio a thrafod yn digwydd, yn enwedig ar rannau o'r Ysgrythur, y gweddïau a'r litwrgi a ddysgwyd ar y cof. Yn ôl y Fuchedd arhosodd Beuno yn yr ysgol yng Nghaer-went nes ei fod yn gwybod yr holl wasanaethau a'r holl Ysgrythur.[13] Yr oedd cofio'n hollbwysig; ar y cof, nid mewn ysgrifen, y trysorid bron y cyfan.

Prin yw'r wybodaeth sydd gennym am y clasau cynnar, a dim ond ambell gipolwg a gawn. Oddeutu'r flwyddyn 800 ysgrifennodd Nennius, disgybl i Elfoddw, prif esgob yng Ngwynedd, yr *Historia Brittonum*. Mae'n nodi ei ffynonellau: anales y Rhufeiniaid, croniclau'r Tadau Sanctaidd, ysgrifeniadau'r

Gwyddyl a'r Saeson a thraddodiadau'n hynafiaid ni[14] – yn ôl pob tebyg yr hyn oedd ar gael yn sefydliad Elfoddw, sef mewn clas.

Traddodiadau'n hynafiaid ni, sylwer: ar lafar y cedwid y cof am y gorffennol, am y rhai a roes gychwyn i'r sefydliad, eu dysgeidiaeth, eu teithiau, eu cefndir a'u teuluoedd; a dyna ddechrau ymddiddori mewn hanes, gweithgarwch a ddatblygodd gryn dipyn mewn ambell glas. Tysilio, aelod o deulu brenhinol Powys, a sefydlodd glas Meifod, a byddai'n naturiol rhoi lle amlwg i hanes a thraddodiadau'r teulu hwnnw, yn arbennig gan mai yno yr oedd claddfa brenhinoedd Powys.

Yn yr Oesoedd Canol yr oedd y bardd yn un o swyddogion llys y brenin. Y canu Cymraeg cynharaf sydd wedi goroesi yw deuddeg cerdd o waith y bardd Taliesin: wyth cerdd i Urien, brenin Rheged yn yr Hen Ogledd, teyrnas oedd yn ymestyn o boptu i'r Solway Firth, ac yn ôl yr Athro Caerwyn Williams yn ffinio â Phowys rywle rhwng Caer a Chaerliwelydd; marwnad i fab Urien, sef Owain ab Urien; dwy gerdd i Wallawg, brenin Elfed, sef y wlad o gwmpas Leeds, ac un gerdd – y gynharaf yn ôl Syr Ifor Williams – i Gynan Garwyn, brenin Powys a brawd Tysilio.[15] Yr oedd bardd yn llys Powys yn ail hanner y chweched ganrif.

Yna deuwn i'r cyfnod a elwir yr Oesoedd Tywyll. Yr oedd y Rhufeiniaid wedi ymadael ers tro byd a'u hymerodraeth eang wedi datgymalu, fel un y Groegiaid o'i blaen, a dysg a diwylliant y byd clasurol wedi eu hanwybyddu a'u colli. Ar y cyfandir ac yn ne-ddwyrain Prydain nid oedd dim i gymryd eu lle. Fodd bynnag, yn ôl y Canon Doble ni fu Oesoedd Tywyll yn Iwerddon, nac yng Nghymru i bob pwrpas; yr oedd ganddynt hwy eu dysg frodorol eu hunain.[16] Cafodd dysg a llên Iwerddon fwy o lonydd i ddatblygu a chael eu trysori nag eiddo Cymru oherwydd nid oedd y gelyn wrth y drws yn barhaus yno. Ond rhaid bod dysg a llên yn ffynnu yng Nghymru, onidê ni fyddent mor llewyrchus a datblygedig pan ddeuant i'r amlwg eto yn y ddeuddegfed ganrif. 'Y Bwlch' yw'r enw a ddefnyddir yn gyffredin gan y Cymry am y cyfnod o'r chweched i'r ddeuddegfed ganrif, cyfnod lle mae bwlch yn ein gwybodaeth. Yn ffodus mae ychydig mwy yn dod i'r golwg o bryd i'w gilydd.

Beth a ellir ei awgrymu am y cyfnod hwn yn y rhan o Gymru sydd dan sylw?

Erbyn y nawfed ganrif yr oedd math arbennig o saga wedi datblygu ym Mhowys, saga lle'r oedd y rhannau naratif mewn rhyddiaith ond yr ymddiddan, yr ymson, yr ymffrost a'r galar ar ffurf penillion byr, englynion tair llinell neu bedair llinell ambell waith. Traddodiad Powys y galwai Syr Ifor Williams hwn. Ymhen amser, er mwyn cadw cywirdeb mydr, odl a chyseinedd, cofnodwyd yr englynion, ond gan na wnaed hynny gyda'r rhyddiaith aeth honno'n angof. Gweddillion sagâu o'r fath yw Canu Llywarch Hen a Chanu Heledd, a chymeriadau yn y canu, nid yr awduron, yw Llywarch Hen a Heledd.[17]

Dylid cofio yma am gysylltiad Taliesin â llysoedd brenhinol Rheged a Phowys. Cefnder Urien, brenin Rheged, oedd Llywarch Hen. Y mae un rhan o'r canu a'r sagâu'n ymwneud a'r brwydro a fu yn erbyn y Saeson yn yr Hen Ogledd yn ail hanner y chweched ganrif, dan arweiniad Urien. Ai drwy gysylltiad Taliesin â'r ddau lys y cadwyd yr hanes yma ym Mhowys? Y mae rhan arall yn lleoli'r hanes ym Mhowys, ac yn sôn sut y cafodd tri ar hugain o feibion Llywarch Hen eu lladd wrth ymladd ar y goror rhwng Powys a'r Mers. Ymwrthododd un, sef Gwên, â'r bywyd milwrol, ond pan glywodd am ladd ei frodyr dychwelodd, a'r un fu ei dynged yntau.

Chwaer Cynddylan, rheolwr Powys yn gynnar yn y seithfed ganrif, oedd Heledd. Hanes Cynddylan a'i frodyr yn cael eu lladd wrth frwydro yn ardal afon Tren (Tern heddiw), sy'n llifo i afon Hafren ger Viroconium, mewn ymgais i amddiffyn Pengwern yw Canu Heledd. Rhoi ar gof a chadw ymdrech teulu brenhinol Powys i amddiffyn eu treftadaeth a wneir yma, fel y gwneir yn rhan o ganu Llywarch Hen.[18]

Awgrymwyd mai i ail hanner y nawfed ganrif y perthyn y stori fach hyfryd am y brenin Brochwel Ysgithrog, tad Tysilio. Wrth hela draw yng ngodre mynyddoedd y Berwyn, darganfu'r ysgyfarnog yr oedd yn ei dilyn yn llechu'n ddiogel ym mhlygion gwisg y lleian Melangell, a'i helgwn yn gwbl ddiymadferth. Dyna enghraifft arall o ddiogelu traddodiad am y teulu brenhinol, ac nid hanes eu gorchest filwrol y tro hwn.

Yn eglwys Meifod y mae carreg wedi ei haddurno â chroes arbennig gyda nifer o fotifau llai. Ar y groes y mae Crist ifanc, difarf, ei freichiau ar led ac ôl yr hoelion yn amlwg ar ei ddwylo a'i draed, y math o groes oedd i'w gweld yn Iwerddon heb fod yn gynharach na diwedd y nawfed ganrif.[19] Tybed a oedd yna gysylltiad rhwng mynaich Meifod ac Iwerddon?

Ganol y ddeuddegfed ganrif y mae canu'r Gogynfeirdd, Beirdd y Tywysogion, yn ymddangos; 'celfyddydwaith sy'n rhyfeddod o geinder a chadernid', fel y galwodd Syr Thomas Parry ef.[20] A derbyn bod adfywiad cenedl yn esgor ar adfywiad llenyddol, rhaid wrth gyfnod o dyfu a datblygu. Rhaid bod rhyw weithgarwch llenyddol yn digwydd yn y Bwlch, cyfnod o ymarfer ac ymberffeithio a arweiniodd at y fath gywreinrwydd.

Y bardd mwyaf toreithiog, neu o leiaf y bardd y mae mwy o'i waith wedi ei gadw nag o eiddo odid yr un bardd arall, yw Cynddelw Brydydd Mawr. Canodd ef i dywysogion ym mhob rhan o Gymru ac eithrio'r de-ddwyrain, ond cerddi i arweinwyr Powys yw cyfartaledd helaeth o'i waith. Ceir ganddo ganu i Fadog ap Maredudd, tywysog olaf Powys unedig (fu farw ym 1160), ei osgordd a gwahanol aelodau ei deulu, ynghyd â chanu i Dysilio a'r clas ym Meifod. Yn ôl yr arbenigwyr y mae adlais o ganu englynol traddodiad Powys yn ei waith.[21]

Trown at waith Cynddelw i gael gweld sut le oedd ym Meifod ganol y ddeuddegfed ganrif.

> Breiniawg log, leudir cyfannedd,
> Meifod wen, nid meiwyr a'i medd.

Hynny yw: mynachlog freintiedig [mewn] tir agored cyfanheddol [tir y gallai pobl fyw arno ac ennill eu bywoliaeth ohono, nid tir pori llwm], Meifod fendigaid, nid gwŷr llwfr sy'n berchen arni. Yr oedd mewn man coediog, a'r fynwent anrhydeddus yn gladdfa brenhinoedd.

Yr oedd yn freintiedig, hynny yw yr oedd iddi fraint arbennig. Beth yw ystyr 'braint' yn y cyswllt hwn?

Dyma'r cyfnod, canol y ddeuddegfed ganrif, pan oedd Llyfr Llandaf yn ymffurfio; y casgliad o ddogfennau, dilys a dychmygol, oedd i brofi eiddo, gallu ac arbenigrwydd yr esgobaeth newydd honno. Y mae yn y llyfr hwn ddarn o ryddiaith Gymraeg sy'n ymwneud â chyfraith a braint eglwys Teilo o Landaf. Yn ôl hwn golyga 'braint' fod eglwys Teilo a'i thir a'i daear yn rhydd o bob gwasanaeth i frenin bydol ac mai hi ei hun sy'n gwbl gyfrifol am y gyfraith yn ei holl diroedd; cyfrifoldeb a roddwyd iddi gan y brenhinoedd ac a gadarnhawyd gan awdurdod pabau Rhufain.[22] Nid yw trais yn rheoli mynachlog Meifod, nid yw gelynion yn gallu mynd iddi, nid yw 'trefred y trisant' yn rhoi teyrnged i drais a gelynion.

Trefred, trigfan y trisant: Gwyddfarch a Thysilio, a'r trydydd? Troer at Frut y Tywysogion: 'yn y flwyddyn 1156 y gwnaethpwyd Eglwys Fair ym Meifod'[23] – a dyna roi amcan am ddyddiad y canu, ac efallai reswm amdano, mai cerdd i ddathlu'r achlysur ydoedd.

I ganlyn y Sistersiaid y daeth cwlt y Forwyn Fair yn boblogaidd yng Nghymru, ond ni chyrhaeddodd y Mynaich Gwynion yr ardal am bedair blynedd ar ddeg arall, pan sefydlwyd abaty Ystrad Marchell ym 1170. Rhaid bod Meifod yn bwysig ac yn symud gyda'r oes i gael eglwys wedi ei chysegru i Fair mor gynnar â hyn. Ond ni ddisodlodd Mair Dysilio; byddai enw'r ddau sant ar yr eglwys o hynny ymlaen.

Mae'n eithaf tebygol mai'r hyn a ddigwyddodd oedd ailadeiladu eglwys Tysilio ar gynllun ehangach, mwy modern; cynllun oedd yn gweddu i'w statws, y math a ddefnyddid ar gyfer prif eglwysi, *minsters*, yn Lloegr. Gallai fod yn debyg i'r eglwys a gododd Gruffudd ap Cynan ym Mangor oddeutu'r flwyddyn 1130, neu yr un a godwyd yn Nhywyn tua diwedd y ganrif (ac sy'n aros hyd heddiw heb ryw lawer o newid arni). Ym 1871 darganfuwyd arcedau Normanaidd o'r ddeuddegfed ganrif ym Meifod, sy'n awgrymu bod yr eglwys newydd hon yn eglwys ddwbl.[24]

Yn ôl Cynddelw yr oedd Meifod yn gyrchfan pererinion. Yn sicr ddigon y mae Llys yr Ychwanegiadau – a sefydlodd Harri VIII ar ôl diddymu'r mynachlogydd – yn sôn am ddelw ym Meifod oedd yn denu llawer o bererinion oherwydd y gwyrthiau yr honnid iddynt ddigwydd yno, a'r pardynau a'r maddeuebau a geid gan esgobion Rhufain.[25] Ac os oedd yma gyrchfan pererinion byddai yma adrodd hanesion a chwedlau.

Noda Cynddelw hefyd fod yma archddiacon o'r enw Caradog. Swydd weinyddol oedd swydd archddiacon: gweinyddu, cadw trefn, disgyblu clerigwyr a gwŷr lleyg a heddychu mewn anghydfod. Yr archddiacon oedd prif gynorthwywr yr esgob – 'llygad yr esgob' oedd un enw arno, neu yng ngeiriau J. Conway Davies, os yr esgob oedd y bugail yr archddiacon oedd y ci defaid.[26] Ond nid Caradog oedd yr archddiacon cyntaf y gwyddom amdano ym Meifod. Yn ôl Brut y Tywysogion, ym 1127 'bu farw Daniel ap Sulien, y gŵr a oedd yn gyffredinwr [ganolwr] rhwng Gwynedd a Phowys'.[27] Daniel ap Sulien oedd un o bedwar mab disglair Sulien Ddoeth, a fu'n esgob Tyddewi yn ystod y blynyddoedd 1073-8 a 1080-5. Yn Llanbadarn yr oedd cartref y teulu.[28] Sylwer ar y dyddiad: bu farw Daniel ym 1127; byddai wedi bod yn archddiacon ym Meifod yn ystod chwarter cyntaf y ddeuddegfed ganrif, cyn sefydlu esgobaeth Llanelwy – 1134 yw'r cyfeiriad cynharaf at honno ac ym 1143 y penodwyd yr esgob cyntaf yno. Nid oedd Tyddewi ychwaith yn esgobaeth diriogaethol mor gynnar â hyn.[29] Mae'n ddiddorol mai esgob Tyddewi oedd yn trefnu ar gyfer y rhan hon o Bowys; mae'n amlwg bod cysylltiad rhwng y ddau le.[30] A oedd ymdeimlad mai o gyfeiriad Llanbadarn y Cristioneiddiwyd yr ardal a bod Llanbadarn yn dal i deimlo'n gyfrifol?

Pam roedd angen archddiacon i gadw trefn yma? Erbyn hyn yr oedd Meifod yn fam-eglwys i ardal bur eang, o'r ddwy ochr i Glawdd Offa ac i afon Hafren, o Lanfihangel-yng-Ngheintun, Winnington, Middletown, Briggington, Llandysilio, Llandrunio, Bausley, Tal-y-bont, Ffordyn, o Lanfair Caereinion i Lanllugan, o'r Trallwm, Cegidfa, Llanfihangel-yng-Ngwynfa, trosodd i ddyffryn Cain, Llanfyllin, Llanfechain a Llansanffraid.[31] Os oedd Meifod, fel y nododd Cynddelw, yn freintiedig, mae'n bosibl bod y tiroedd y tu allan i awdurdod brenin lleol ac mai'r eglwys, trwy ei harchddiacon, oedd yn gyfrifol am weinyddu'r gyfraith yn y parthau hyn. Byddai angen swyddog medrus i ofalu am y cyfan, ac yr oedd Daniel ap Sulien yn ŵr o ddysg a chymeriad a oedd hefyd yn cadw'r heddwch rhwng Gwynedd a Phowys. Byddai yma weinyddu cyfraith ar raddfa ehangach na rhyw fân faterion personol.

Meifod oedd prif eglwys Powys cyn sefydlu mynachlog Ystrad Marchell ym 1170 a Glyn-y-groes ym 1200. Yma y cleddid y brenhinoedd. Yr oedd Meifod yn ganolfan naturiol i Bowys ac yr oedd y clas yn fyw, yn gryf ac yn ddylanwadol ar yr union adeg y ffurfiwyd esgobaeth Llanelwy, esgobaeth oedd yn cydffinio i raddau helaeth â Phowys Madog ap Maredudd. Pam, ynteu, nad yma ym Meifod y lleolwyd eglwys gadeiriol yr esgobaeth newydd a grëwyd gan y Normaniaid?

Gellir cynnig rhai rhesymau. Gallai fod yna gof am esgob (nid am esgobaeth) ar lan afon Elwy yn y gorffennol pell. Esgobion dros eglwysi, yn hytrach na thiriogaeth arbennig, oedd yr esgobion cynnar, e.e. Esgob Dewi dros eglwysi Dewi, Esgob Padarn dros eglwysi Padarn (ac eithrio Deiniol a Bangor). Mae llawer yn dibynnu ar ystyr y gair *sacerdos*, offeiriad oedd yn gweinyddu'r sacramentau. Yr anhawster yw pa sacramentau a weinyddai; ai bedyddio a gweinyddu'r offeren fel pob offeiriad urddedig, ynteu a allai gysegru a bendithio, sef gwaith a gyfyngid i esgob?[32] Hyd y gwyddom nid oes sôn am esgob ym Meifod.

Mae'n llawer tebycach mai ystyriaethau gwleidyddol oedd gryfaf. Rheswm go bwysig dros sefydlu esgobaeth Llanelwy oedd creu gwladwriaeth ragod (*buffer state*) rhwng arglwyddi Normanaidd y gororau a chadernid Eryri a thywysogion Gwynedd, lle'r oedd y gwrthwynebiad ffyrnicaf erbyn hyn. Rhaid oedd gosod pencadlys yr esgobaeth newydd mewn ardal lle'r oedd dylanwad y Normaniaid yn eithaf cadarn.

Ni fyddai mynachlog Geltaidd yn gymeradwy gan y Normaniaid; eu polisi hwy oedd naill ai eu dileu'n llwyr neu eu gorfodi i fabwysiadu rheolau un o'r urddau estron.[33] Yr oedd dylanwad yr Eglwys yn eithriadol o gryf yn yr Oesoedd Canol, ac anhawster mawr ar ffordd y Normaniaid oedd y ffaith fod gan y Cymry eu trefn eglwysig eu hunain ers canrifoedd.[34]

Beth am dalaith Mathrafal? Sut y daeth honno i fod? 'Tri phrif lys oedd yng Nghymru i gyd,' meddai Gerallt Gymro ar ddiwedd y ddeuddegfed ganrif. 'Dinefwr yn Neheubarth Cymru . . . Aberffraw yng Ngogledd Cymru, Pengwern ym Mhowys.' Awgryma hyn nad oedd gan Bowys brif lys yn ei gyfnod ef.[35] Mewn testun cyfreithiol yn perthyn i ail chwarter y drydedd ganrif ar ddeg ceir awgrym bod cyfreithwyr Gwynedd yn ystyried Mathrafal yn dalaith ar gyfer gweinyddu'r gyfraith. Ym marn yr Athro Dafydd Jenkins, wrth borthi uchelgais Llywelyn ap Iorwerth i fod yn oruwch arglwydd ar holl arweinwyr Cymru, mae cyfreithwyr Gwynedd yn rhoi cyfiawnhad i oruchafiaeth ffug-hanesyddol tywysog Aberffraw drwy nodi sut y derbyniodd Maelgwn Gwynedd oruchafiaeth ar ieirll Mathrafal, Dinefwr a Chaerleon yn y chweched ganrif.[36] Mae Syr J.E. Lloyd yn derbyn bod uchafiaeth Mathrafal wedi ei hen sefydlu erbyn cyfnod Llywelyn ap Gruffudd, ac mae'r Gogynfardd Llygad Gŵr yn ei gyfarch fel 'Taleithiawg Mathrafal', sef 'Gŵr coronog Mathrafal'.[37]

Pam Mathrafal? Yr unig awgrym sydd wedi ei gynnig yw bod eglwys Llangadwaladr, eglwys brenhinoedd cynnar, yn gysylltiedig â llys Aberffraw, a gerllaw Dinefwr yr oedd Llandeilo Fawr, prif eglwys Sant Teilo, un o genhadon mawr y de. Roedd yn rhaid cael sefydliad eglwysig pwysig o fewn cyrraedd agos i ganolfan y drydedd dalaith, ac yr oedd Meifod gerllaw Mathrafal.[38] Mae'n bosibl bod maenor yn perthyn i dywysogion Powys wedi ei sefydlu yno erbyn hyn, sef canolfan weinyddol lle byddid yn arwyddo dogfennau. A chofier am waith Daniel ap Sulien ac archddiaconiaid eraill yn gweinyddu'r gyfraith ar raddfa eang.

Fodd bynnag, fe afaelodd y syniad. O'r bedwaredd ganrif ar ddeg ymlaen, wrth i'r gyfraith frodorol ddarfod ac i'r gramadegau barddol a dysg y beirdd a'u hurdd ennill dylanwad, daeth talaith Mathrafal yn realiti pendant i'r beirdd, cynheiliaid dysg a diwylliant. Yr oedd yr ymdeimlad a'r awyrgylch yn barod i dderbyn damcaniaeth Humphrey Lhuyd a David Powel yn yr unfed ganrif ar bymtheg fod prif lys Powys wedi cael ei symud o Bengwern i Fathrafal ar ôl i'r Saeson feddiannu'r ardal rhwng Gwy a Hafren yn yr wythfed ganrif.

Nodiadau

[1]Am gerdd Cynddelw Brydydd Mawr, 'Canu Tysilio Sant', gw. *Gwaith Cynddelw Brydydd Mawr* [GCBM], I, goln. Nerys Ann Jones ac Ann Parry Owen (Caerdydd, 1991), 15-50. Yn ogystal â'r gerdd ceir trafodaeth ar waith y bardd, y cefndir a'r ffynonellau, testun yn iaith heddiw ac aralleiriad.

[2]Syr John Edward Lloyd, *A History of Wales* [HW], I (Llundain, 1911), 196, n.10. Gw. hefyd Huw Pryce yn *The Montgomeryshire Collections* [MC], 83 (1995), 62 (a nodyn 3 isod).

3Am gloddio Mathrafal gw. MC 42 (1932), 150-2, a MC 83 (1995), 59-74.
4GCBM I, 92-104.
5*Gwaith Llywarch ap Llywelyn 'Prydydd y Moch'*, gol. Elin M. Jones gyda chymorth Nerys Ann Jones (Caerdydd, 1991), 93-107.
6*Brut y Tywysogion, Peniarth MS 20* [BT], gol. Thomas Jones (Caerdydd, 1941), 157(b)-158(a). I gael y dyddiadau cywir dylid edrych ar y cyfieithiad Saesneg, *Brut y Tywysogion or The Chronicle of the Princes, Peniarth MS 20 Version* [BTS], cyf. Thomas Jones (Caerdydd, 1952), 86.
7MC 83 (1995), 61-2; MC 1 (1868), 319-26.
8MC 38 (1918), 129-32; V.E. Nash-Williams, *The Early Christian Monuments of Wales* (Caerdydd, 1950), 198. Yn y fynwent dan yr ywen oedrannus yr oedd y garreg yn wreiddiol; fe'i symudwyd i mewn i'r eglwys ym 1922.
9Ifor Williams, gol., *Canu Taliesin* [CT] (Caerdydd, 1960), 1.
10MC 60 (1967-8) E.R. Morris, 'Churches in Meifod churchyard', 174; D.R. Thomas, *The History of the Diocese of St. Asaph* [HDStA] (3 cyfrol, Croesoswallt, 1908-13), I, 496-7.
11E.G. Bowen, *The Settlements of the Celtic Saints in Wales* (Caerdydd, 1954), 86.
12Yr oedd y syniad yn gwbl annerbyniol i drigolion Gwynedd yn ail hanner yr unfed ganrif ar bymtheg pan fu cyfreitha a charcharu yn dilyn helynt Fforest yr Wyddfa. Fel y tystiodd Edmwnd Prys yn ei gywydd 'Anllywodraeth y Cedyrn', yr oedd tir a oedd ar un adeg yn eiddo i'r 'cyffredin mud', sef gwerin gwlad, yn cael ei fesur a'i osod fesul gwryd, sef dwylath. Gw. *The Oxford Book of Welsh Verse*, gol. Thomas Parry (Rhydychen, 1962), 244-8.
13Nid yw hyn yn awgrymu bod Beuno wedi dysgu'r holl Feibl ar ei gof; tebycach mai'r hyn a olygir yw'r rhannau angenrheidiol ar gyfer gwasanaethau pob Sul a gŵyl. Yn Llyfrgell Bodley, Rhydychen, MS. Auct.F.4.32 (2176) y *Codex Oxoniensis Prior* – llawysgrif a ysgrifennwyd yn ôl pob tebyg yn y flwyddyn 832 neu'n fuan wedi hynny, naill ai yn Llancarfan neu yn Llanilltud Fawr – y mae llithoedd a chantiglau, mewn Lladin a Groeg, ar gyfer Noswyl y Pasg fel yr oeddynt cyn i Awstin gyrraedd Prydain yn y flwyddyn 597, a llithoedd a chantiglau o'r proffwydi lleiaf. Adnodau unigol yw llawer ohonynt, ond weithiau ceir dwy neu dair adnod ynghyd. Gall fod yma restr o ddyfyniadau a gâi eu cynnwys yn y gwasanaethau o gyfnod cynnar iawn. Gan nad yw'r dyfyniadau hyn yn digwydd mewn unrhyw ffurf-wasanaeth sydd wedi goroesi, tybed a oes lle i feddwl eu bod yn perthyn i Hen Eglwys y Cymry?
14*NENNIUS, 'History of the British'*, gol. a chyfieithwyd gan John Morris (Phillimore, Arthurian Period Sources Vol. 8, 1980), 9.
15CT, 1. 'Trawsganu Kynan Garwyn Mab Brochfael' yw'r gerdd gyntaf yn y gyfrol.
16Sylw a wnaeth mewn darlith ym Mhrifysgol Cymru, Bangor.
17Ifor Williams, gol., *Canu Llywarch Hen* (Caerdydd, 1935), a'i sylwadau wrth ddarlithio i'r dosbarth anrhydedd. Cynhwysir 'Canu Heledd' yn yr un gyfrol, 33-48.
18Nid awgrymu mai ym Meifod y cyfansoddwyd yr englynion yr wyf (er nad yw hynny'n amhosibl); yr hyn sy'n debygol yw i'r hanes am y brwydro parhaus i amddiffyn y ffin gael ei drafod a'i gadw yma.
19Am hanes Melangell a'r groes ym Meifod gw. R.W.D. Fenn a J.B. Sinclair, 'The

Christian origins of Montgomeryshire; an interpretation', MC 78 (1990), 47-64.

[20]Thomas Parry, *Hanes Llenyddiaeth Gymraeg* (Caerdydd, 1944), 37.

[21]GCBM I, xlii; nodir hefyd ei wybodaeth o'r hengerdd.

[22]J. Gwenogvryn Evans a John Rhys, goln., *The Text of the Book of Llan Dâv*, (Rhydychen, 1893. Atgynhyrchiad a gyhoeddwyd gan Lyfrgell Genedlaethol Cymru, Aberystwyth, 1979), 120-1.

[23]BT, 102(a), (BTS 59).

[24]HDStA I, 492-503; MC 4 (1871), xxiii.

[25]MC 60 (1967-8), 174. Gw. hefyd Glanmor Williams, *The Welsh Church from Conquest to Reformation* (Caerdydd, 1962), 495.

[26]James Conway Davies, *Episcopal Acts relating to the Welsh Dioceses, 1066-1272*, [*Episcopal Acts*], Vol. I (Historical Society of the Church in Wales, 1946), 46.

[27]BT 83(b)-84(a) (BTS 50); HW I, 453.

[28]Am deulu Sulien gw. *Episcopal Acts*, II (1948), 493-506. Rhigyfarch ap Sulien oedd awdur Buchedd Dewi. Yr oedd ei frawd Ieuan yn ysgrifwr cain, yn fedrus ar lunio priflythrennau addurnol; byddai'r ddau'n cyfansoddi barddoniaeth Ladin ac Ieuan, o bosibl, yn llunio englynion Cymraeg hefyd. Gweinyddwr eglwysig oedd Daniel. Ni wyddom ddim am Arthen, ond cofnoda BT farw ei fab Henri, 'ardderchog athro rhagorol ar bawb o'r ysgolheigion [clerigion]', ym 1163, yr un flwyddyn ag y bu farw Cedifor ap Daniel, archddiacon Ceredigion. BT 109(b)-110(a) (BTS 62).

[29]Cesglir mai yn hanner cyntaf y ddeuddegfed ganrif yr ymffurfiodd esgobaethau Llandaf a Thyddewi yn unedau tiriogaethol. Ym 1119 y ceir y cyfeiriad cyntaf at Landaf, a Bernard, a benodwyd yn esgob Tyddewi ym 1115, a ddatblygodd yr esgobaeth honno.

[30]Ategir hyn gan Syr John Edward Lloyd, HW I, 461. Awgrymodd Owen Edward Jones, *Llyfr Coch Asaph, A Textual and Historical Study* [LlCA], Traethawd MA Prifysgol Cymru, Aberystwyth, 1968, Rhan II, 14, y gallasai'r ardal fod dan ofal esgob Tyddewi cyn sefydlu esgobaeth Llanelwy. Gw. hefyd J.W. James, *A Church History of Wales* (Ilfracombe, 1945), 64; ar ddechrau'r ddeuddegfed ganrif, tair brenhiniaeth oedd yng Nghymru, sef Gwynedd, Morgannwg a Deheubarth-Powys, ac yr oedd y drefn eglwysig yn dilyn yr un patrwm.

[31]MC 4 (1871), xxiii; MC 10 (1877), 153-5; HW I, 218; LlCA, Rhan II, 41-9; HDStA I, 492-503.

[32]Credir i Ddeiniol gael ei gysegru i ofalu am deyrnas Maelgwn Gwynedd, beth bynnag oedd maint Gwynedd yn y chweched ganrif. Am drafodaeth ar ystyr y gwahanol deitlau clerigol gw. Wendy Davies, *Wales in the Early Middle Ages* (Leicester, 1982), 157-60. Er nad oes cyfeiriad o gwbl at esgob yn Llanelwy cyn cyfnod y Normaniaid, dywed '. . . it is not impossible, however, that the house of Llanelwy had some pre-Conquest espiscopal tradition'.

[33]Dyna a ddigwyddodd i sefydliadau crefyddol Beddgelert, Penmon ac Ynys Enlli. Gw. Glanmor Williams, *The Welsh Church from Conquest to Reformation*, 18.

[34]*Episcopal Acts*, II, 450.

[35]Thomas Jones, *Gerallt Gymro* (Caerdydd, 1938), 170-1.

[36]Gw. Huw Pryce yn MC 83 (1995), 61, gan gyfeirio at Dafydd Jenkins, gol., *Llyfr*

Colan (Caerdydd, 1963), xix-xx, a *Damweiniau Colan* (Aberystwyth, 1973), 18-19, 218-22.

[37]Mewn nodyn byr, cynhwysfawr yn MC 44 (1936), 44-5; am gerdd Llygad Gŵr gw. *Gwaith Bleddyn Fardd a Beirdd Eraill Ail Hanner y Drydedd Ganrif ar Ddeg*, gol. gan Rhian M. Andrews ac eraill (gwaith Llygad Gŵr gan Peredur I. Lynch), (Caerdydd, 1996), 227. Awgrymir i'r gerdd gael ei chanu rywbryd ym 1258, (t. 223).

[38]MC 83 (1995), 63. Ni chysylltodd arweinwyr Powys eu henwau â Mathrafal; Owain Cyfeiliog y gelwid nai Madog ap Maredudd, rheolwr De Powys, ac erbyn ail hanner y drydedd ganrif ar ddeg 'de la Pole' oedd yr enw a arddelid.

Owain Lawgoch: Marchog Ffrainc a Thywysog Cymru

Yr Athro A.D. Carr

Yn fuan ar ôl Eisteddfod Meifod 2003, heidiodd cannoedd o Gymry i dref fechan o'r enw Mortagne-sur-Gironde, rhyw hanner can milltir i'r gogledd o ddinas Bordeaux yn Ffrainc. Roedden nhw wedi teithio yno i fod yn rhan o ddathliadau yn y dref i ddadorchuddio cofeb hardd i un o ddisgynyddion tywysogion Gwynedd, Owain ap Thomas, sef gor-nai i Lywelyn ein Llyw Olaf. Yn Ffrainc yr oedd Owain wedi byw y rhan fwyaf o'i oes ac fel Yvain de Galles y cawsai ei adnabod, ond i ni'r Cymry, byddwn yn cofio amdano fel Owain Lawgoch. Ar ddydd Gwener, 15fed Awst, sef Gŵyl Dyrchafiad y Forwyn Fair Fendigaid, roedd hi'n ŵyl y banc, ond er nad oedd llawer o siopau ar agor, buan iawn y llanwodd y strydoedd gyda chanu a dawnsio Cymreig a Ffrengig. Parhaodd y dathlu dros y penwythnos cofiadwy honno, ac ar y bore dydd Sul, traddodwyd y ddarlith hon mewn Ffrangeg coeth i gynulleidfa o Gymry a Ffrancwyr gan yr Athro Tony Carr. Yr ydym yn ddiolchgar iddo am roi'r cyfieithiad Saesneg ohoni i ni i'w drosi i'r Gymraeg ar gyfer ei chynnwys yn y gyfrol hon. Gobeithiwn y bydd Mortagne yn dod yn gyrchfan i Gymry'r dyfodol fel na chollwn olwg ar wrhydri Owain Lawgoch a'i gyd-Gymry a ymladdodd ar dir Ffrainc a thros Ffrainc yn erbyn yr hen elyn.

Ar 15 Awst 2003 daeth nifer o bobl o Gymru ynghyd ym Mortagne-sur-Gironde ar wahoddiad y maer i anrhydeddu gŵr a fu farw yno dros chwe chanrif ynghynt, ac i ddadorchuddio cofeb iddo. Yn Ffrainc adwaenir y gŵr hwnnw, a lofruddiwyd ym 1378 gan asiant Seisnig o'r enw John Lamb, fel Yvain de Galles, ond fel Owain ap Thomas ap Rhodri neu Owain Lawgoch y gwyddom ni amdano. Roedd yn ŵyr i Rhodri ap Gruffudd, sef brawd ieuengaf Llywelyn ap Gruffudd, tywysog cyntaf Cymru a laddwyd gan y Saeson ym 1282. Ond yn wahanol i'w frodyr, nid oedd Rhodri'n cefnogi'r achos Cymreig; fe werthodd ef ei hawl i ran o'r etifeddiaeth i Lywelyn a mynd i Loegr, lle'r enillodd diroedd yn swyddi Caer, Caerloyw a Surrey. Bu farw'n farchog Seisnig ym 1315, yn arddel yr enw Syr Roderick fitz Griffin. Un mab oedd ganddo, sef Thomas, ac roedd gan hwnnw arglwyddiaeth fechan ar dir y Mers yn ogystal â'r hyn a etifeddodd. Bu ef farw ym 1363. Roedd unig fab Thomas, sef Owain neu Yvain, dramor, ond dychwelodd am gyfnod ym 1365 i hawlio'i etifeddiaeth. Erbyn hydref 1369 roedd yn ôl yn Ffrainc ac yn ochri â'r Ffrancwyr yn eu rhyfel yn erbyn y Saeson. Oherwydd ei fradwriaeth, cymerwyd ei diroedd yng Nghymru a Lloegr oddi arno. Ni wyddom ddim am hanes Owain cyn marwolaeth ei dad; yn ôl Froissart roedd yn gwasanaethu ar ochr Ffrainc ym mrwydr Poitiers ym 1356, ond nid oes modd profi hyn.

Ar ôl 1369 mae stori Owain yn gymaint rhan o hanes Ffrainc ag ydyw o hanes Cymru. Yn y flwyddyn honno trodd un o gapteiniaid castell John o Gaunt yn Beaufort, Champagne, i ochri â'r Ffrancwyr. Cymro oedd hwn o'r enw Ieuan Wyn, neu fel y'i gelwid yn Ffrainc, y *Poursuivant d'Amour*. Wedi hyn daeth Ieuan yn ddirprwy i Owain ac fe arhosodd yng ngwasanaeth Coron Ffrainc ar ôl marwolaeth ei gapten. Felly mae gennym yma filwr tâl Cymreig, etifedd olaf llinach Gymreig Gwynedd, y llinach honno a greodd dywysogaeth Gymreig ym 1267, bymtheng mlynedd cyn concwest y Saeson, a'r milwr tâl hwnnw'n gwasanaethu Charles V yn Ffrainc. Roedd Ieuan Wyn yn aelod o deulu amlwg arall, sef teulu Ednyfed Fychan, un oedd wedi gwasanaethu fel distain i dywysogion Gwynedd yn y drydedd ganrif ar ddeg, a disgynnydd iddo ef a enillodd Goron Lloegr ym 1485. Ni wyddom pam yr ochrodd Owain ac Ieuan â'r Ffrancwyr, ond mae'n bur debyg fod yr ateb i'w gael yng Nghymru, lle roedd arweinwyr y gymuned Gymreig, a oedd wedi cefnogi cyfundrefn Coron Lloegr ers y goncwest, wedi'u dadrithio o ganlyniad i argyfwng y bedwaredd ganrif ar ddeg.

Gwyddom i Owain roi delw fach o'r Forwyn Fair i Eglwys Gadeiriol Notre Dame ym Mharis ym 1369; dyma'r cyfeiriad cyntaf at ei bresenoldeb yn Ffrainc. Ni wastraffodd Owain ddim amser. Ym mis Rhagfyr rhoddodd ei gynnig cyntaf ar adennill ei etifeddiaeth; mae'n bosibl bod y cynllun hwn wedi bod yn yr arfaeth ers peth amser yng Nghymru ac yn Ffrainc. Paratowyd llynges yn Harfleur, ar gost y brenin, ar gyfer rhyfelgyrch i Gymru dan arweiniad Owain, 'capten y fordaith', a rhoddodd archesgob Rouen, Philippe d'Alençon, fenthyg 2,000 o *livres* i Charles. Cychwynnodd y rhyfelgyrch o Harfleur ychydig cyn Nadolig 1369, ond ni chyrhaeddodd Gymru oherwydd gorfodwyd y llongau'n ôl gan stormydd ar ôl ychydig ddyddiau. Nid y gaeaf oedd yr adeg orau i fentro i'r sianel nac i Fôr Iwerddon.

Bwriad Owain a'r Cymry oedd adfer annibyniaeth, a gobaith Charles V oedd agor ail ffrynt ar dir Prydain. Ond methiant fu'r fenter yma, a gostiodd i'r brenin, yn ôl un croniclydd, dros 100,000 ffranc. Roedd dyled Owain iddo yn fwy na 200,000 ffranc. Fodd bynnag, ni ddaeth gyrfa filwrol Owain i ben oherwydd yr anhap yma. Roedd yn filwr o fri ac ym 1370 roedd yn gwasanaethu gyda chwnstabl newydd Ffrainc, Bertrand du Guesclin, ym Maine ac Anjou yn ystod ymgyrch y capten Seisnig Syr Robert Knollys. Ddiwedd y flwyddyn honno roedd mewn awdurdod yn Saumur ar lan afon Loire. Ym 1371 roedd gyda'i gwmni yng ngwasanaeth tref Metz yn Lorraine.

Cyn diwedd 1371 roedd Owain yn ôl yn gwasanaethu brenin Ffrainc, ac unwaith eto roedd llynges yn cael ei pharatoi ar gyfer rhyfelgyrch arall i Gymru, dan ei arweiniad ef. Ar 10 Mai 1372 cyhoeddodd Owain broclamasiwn yn herio'r Brenin Edward III o Loegr a'i fab Edward, y Tywysog Du. Yn y proclamasiwn hwn datganodd ei hawl i dywysogaeth Cymru a'i ddiolchgarwch i'r Brenin Charles, a oedd wedi buddsoddi mwy na 300,000 ffranc aur yn y rhyfelgyrch. Mae'n bosib fod Charles wedi gweld gwerth cael tywysog Cymreig dan adain Ffrainc. Doedd y fyddin oedd yn cael ei chasglu ynghyd yn Harfleur ddim yn un fawr, ond os oedd y Cymry'n bwriadu gwrthryfela yn erbyn y drefn Seisnig ar ôl i Owain a'r Ffrancwyr gyrraedd, fe fyddai'r Cymry eu hunain yn rhan fawr o'r fyddin honno. Mae'n debyg fod rhwng deuddeg a phymtheg o longau yn y llynges (mae peth anghytundeb yn y ffynonellau) a disgrifir Owain fel 'is-gapten y brenin yn y llynges'.

Cychwynnodd y rhyfelgyrch o Harfleur ddechrau Mehefin, ond aeth hi ddim ar ei hunion i Gymru; ar ei ffordd ymosododd Owain ar ynys Guernsey. Nid yw pobl Guernsey wedi anghofio'r ymweliad hwnnw; cyfeiriant ato yno fel 'la descente des Aragousais', ac mae yna faled gan ŵr o'r enw Richard Simon sy'n adrodd sut y cafodd Owain ei anafu yn y frwydr a ddilynodd. Ni wyddom pam yr ymosododd Owain ar yr ynys ar ei ffordd i Gymru, oherwydd fe wastraffodd ddynion ac amser. Ac unwaith eto, ni chyrhaeddodd ben ei daith. Yn Guernsey cafodd orchymyn gan y brenin i roi'r gorau i'r rhyfelgyrch a mynd ar unwaith i Castile i geisio llongau gan y Brenin Enrique II i ymosod ar La Rochelle. Roedd llynges Seisnig, dan arweiniad Iarll Penfro, wedi gadael Southampton ar 10 Mehefin gyda milwyr ychwanegol ac arian i gyflogi'r fyddin yn Guienne. Ar 22 Mehefin roedd llongau Iarll Penfro wedi'u hatal gan y Castiliaid ger La Rochelle, ac fe ddrylliwyd y llynges neu ei gipio. Dyma un o'r gorchfygiadau gwaethaf yn hanes llynges Lloegr, ac roedd cwymp La Rochelle bellach yn anochel.

Pe bai rhyfelgyrch Owain i Gymru wedi llwyddo, beth fyddai wedi bod yn ei aros? Mae'r rhan fwyaf o archifau cyfreithiol yr Oesoedd Canol wedi hen ddiflannu o ganlyniad i fandaliaeth ac esgeulustod swyddogol, ond gwyddom fod awdurdodau'r dywysogaeth yn gwybod o'r gorau fod Owain a'i gymheiriaid wedi paratoi dau ryfelgyrch gyda'r bwriad o ymosod ar Gymru. Roedd yr awdurdodau hyn yn symud yn erbyn cefnogwyr Owain; ym 1370 cafwyd Gruffydd Sais o Fôn yn euog o ymuno ag Owain Lawgoch, 'gelyn a bradwr yr arglwydd dywysog', ac o gynllunio gydag Owain i fynd i ryfel yn erbyn y tywysog yng Nghymru. Clywn ragor am Owain mewn ymchwiliad yn Fflint, 20 Rhagfyr 1372, rai misoedd ar ôl yr ail ryfelgyrch aflwyddiannus. Datganodd yr ymchwiliad fod Ieuan ap Rhys ap Roppert wedi bradychu'r brenin ac Iarll Caer (y Tywysog Du), gan nodi ei fod yn Ffrainc gydag Owain ap Thomas ap Rhodri a elwid yn Owain Lawgoch, gelyn y brenin. Roedd Owain ac Ieuan wedi bod yn gwasanaethu Charles V am chwe blynedd. Gwyddai Rhys ap Roppert, tad Ieuan, am yr hyn yr oedd ei fab yn ei wneud, ac roedd wedi anfon arian ato droeon. Datganwyd mewn ymchwiliad arall, yn yr un dref ar 25 Medi 1374, fod Rhys a'i fab, Madog, yn cefnogi Owain Lawgoch ac Ieuan ap Rhys ap Roppert a'u bod wedi derbyn llythyrau bradwrus gan y ddau ohonynt. Mewn ymchwiliad arall eto, ar yr un diwrnod, cyhuddwyd 37 o ddynion o fod yn Ffrainc gydag Owain ac Ieuan. Deuai'r rhain o bob rhan o ogledd Cymru, ac mae enwau deg ohonynt yn ymddangos ymysg y rhai oedd yng nghwmni Owain yn Limoges ar 8 Medi 1376. Mae sawl cyfeiriad arall yn archifau sir Fflint at Gymry eraill oedd yn gwasanaethu ym myddin Ffrainc, ac at y ffaith bod eu tiroedd a'u heiddo'n cael eu cymryd oddi arnynt. Mae'r cyfeiriadau hynny'n dyddio o'r cyfnod yn dilyn marwolaeth Owain. Awgryma'r cyfeiriadau fod nifer o ddynion blaenllaw yng Nghymru yn gwybod yn iawn pwy oedd Owain, ac yn dueddol o gefnogi ei gais. Mae'n hawdd deall yr effaith a gâi presenoldeb Owain yn Ffrainc ar lywodraeth y Tywysog Du a'i dad, Edward III.

Wedi iddo gyrraedd Castile ceisiodd Owain gael nawdd ar gyfer rhyfelgyrch arall i Gymru, ond gwrthododd marchogion Don Enrique gymryd rhan. 'Syr,' medden nhw, yn ôl y *Chronique des Quatre Premiers Valois*, 'anfon ni i ble bynnag y mynni di, Granada, Persia, Morocco, ond nid i Gymru. Awn ni ddim yno dan unrhyw amgylchiadau.' Gwylltiodd Owain am hyn, ond fe fu ei genhadaeth ar ran Charles V yn llwyddiannus; darparodd y Castiliaid longau i warchae ar borthladdoedd Poitou a Saintonge ac roedd llongau Ffrainc dan ei reolaeth. Roedd byddinoedd Ffrainc dan reolaeth brawd y brenin, sef y dug de Berry, a Bertrand du Guesclin yn dynesu at La Rochelle ar y pryd. Y diwrnod ar ôl buddugoliaeth y Castiliaid roedd llu atgyfnerthol Seisnig dan ddistain Poitou, Syr Thomas Percy, a'r capten Gasconaidd Jean de Grailly, y Captal de Buch, wedi cyrraedd La Rochelle. Ar ôl i Poitiers gael ei chipio gan du Guesclin aeth Percy i Niort a'r Captal i Saint-Jean-d'Angély.

Erbyn hyn roedd Owain a'r cadlywydd Castiliaidd Ruy Diaz de Rojas wedi cyrraedd glannau La Rochelle gyda'r llynges. Anfonodd du Guesclin lu o 300 o ddynion i warchae ar Soubise ar aber afon Charente. Roedd Arglwyddes Soubise wedi anfon am gymorth gan y Captal yn Saint-Jean-d'Angély. Clywodd Owain am hyn a dewisodd 400 o'i wŷr gorau i gael eu dwyn mewn cychod ar hyd afon Charente cyn belled â Soubise.

Yn y cyfamser roedd y Captal wedi cyrraedd Soubise, lle'r ymosododd ar y gwarchaewyr. A hwythau'n dianc, daeth Owain yn ystod y nos ac ymosod yn ddirybudd ar y llu Eingl-Gascon. Cymerwyd Syr Thomas Percy a'r Captal yn garcharorion. Hywel Fflint, caplan Cymreig o gwmni Owain, a ddaliodd Percy. O ran y Ffrancwyr roedd carcharu'r Captal yn dyngedfennol; roedd yn un o brif gapteiniaid y Brenin Edward, a bu'n garcharor yn y Deml ym Mharis am weddill ei oes. Pan ddaliwyd ef, dywedodd, 'Wel, Guienne, rwyt ti ar goll yn wir!' Y diwrnod canlynol ildiodd Arglwyddes Soubise y dref i'r Ffrancwyr. Ymadawodd y Saeson dan saffcwndid ac yn fuan ar ôl hynny roedd trefi Saint-Jean-d'Angély, Angoulême a Saintes wedi ildio hefyd. Â La Rochelle wedi'i chaethiwo rhwng Owain a'i lynges ar y môr a du Guesclin ar y tir, ildiodd hithau ar 8 Medi. Roedd y dref unwaith eto'n perthyn i'r Ffrancwyr, ac roedd Owain wedi cyfrannu at fuddugoliaeth nodedig.

Bu 1373 hefyd yn flwyddyn brysur iawn i Owain. Roedd Charles V unwaith eto'n paratoi rhyfelgyrch i Gymru, gyda chymorth llongau Castilia. Roedd y llynges i ddod ynghyd ym mhorthladdoedd Gwlad y Basg ar ddechrau'r tymor ymgyrchu. Ofnai'r Saeson oresgyniad Ffrengig-Castilaidd dan arweiniad Owain, Ruy Diaz de Rojas, Iarll Narbonne (a oedd yn Llyngesydd Ffrainc), Jean du Rye a Jean de Vienne. Dywed Froissart fod Owain ar ei ffordd i Loegr gyda'i lynges a 6,000 o ddynion. Ond ofer fu'r paratoadau gan fod John o Gaunt yn paratoi byddin yn Lloegr ar gyfer ymgyrch yn Llydaw. Ni lwyddodd i gyrraedd Llydaw; cyrhaeddodd Calais ar gyfer ei *chevauchée* fawr ar draws Ffrainc. Ar 9 Mehefin 1373 daliwyd Owain a chant o wŷr dan awdurdod brawd y brenin, Philip, dug Bwrgwyn. Treuliodd y rhan fwyaf o 1373 yn Poitou a Saintonge, ac mewn sgarmes yn Chizé ymladdodd yn erbyn capten Cymreig amlwg o'r enw Syr Gregory Sais. Gosododd buddugoliaeth y Ffrancwyr yn Chizé sêl ar ail oresgyniad Poitiou.

Am beth amser bu Owain yn gwasanaethu'r brenin fel capten castell Broue yn Saintonge; roedd hefyd yn gapten Soubise. Ar 1 Gorffennaf 1373 cydnabu ei broctor neu ei gynrychiolydd iddo dderbyn 600 o *livres tournois*, cyflogau Owain a'i gwmni a oedd yn gwasanaethu yn Guienne ac yn y Bordelais dan du Guesclin. Y cwmnïau rhydd dan arweiniad eu capteiniaid fyddai'n ffurfio'r elfen fwyaf proffesiynol ym myddin Ffrainc; roedd rhyfel yn sicr wedi dod yn fusnes mwy proffesiynol yn y bedwaredd ganrif ar ddeg. Roedd pob capten yn gyfrifol am ei gwmni neu ei *route*, ac roedd ganddo'r awdurdod i recriwtio a diswyddo'i ddynion a pheri iddynt dyngu llw o deyrngarwch i'r brenin. Bu'n rhan o draddodiad milwrol Ffrainc erioed i recriwtio estroniaid, a deuai aelodau'r cwmnïau o bob rhan o orllewin Ewrop. Cymry oedd y rhan fwyaf o gwmni Owain ac ymhlith aelodau cwmnïau eraill ceid Eidalwyr, Castiliaid, Albanwyr, Almaenwyr, Llydawyr a rhai o Aragon, Brabante a Savoy, yn ogystal â Ffrancwyr. Rhwng 1369 a 1380 dim ond dau gapten oedd yn estroniaid, sef Owain a'i olynydd, Ieuan Wyn; y naill yn un o ddisgynyddion Llywelyn ap Iorwerth a'r llall yn ddisgynnydd i un o'i ddisteiniaid. Deuai'r rhan fwyaf o'r capteiniaid o Lydaw (fel du Guesclin ei hun) neu o dde-orllewin Ffrainc, cyndadau d'Artagnan. Mae rhai o restrau mwstro cwmni Owain wedi goroesi ac maent i'w gweld yn y *Bibliothèque Nationale* ym Mharis. Mwstrwyd y cwmni yma yn Limoges ar 8 Medi 1376, ac mae'r enwau personol fel Harlech, Bangor, Maelor, Powys a Llŷn yn nodi gwreiddiau Cymreig y gwŷr arfog.

Roedd y Ffrancwyr yn parhau i symud ymlaen yn y de-orllewin. Ym mis Ionawr 1374 roedd Owain yn Mirebeau, Poitou; bedair wythnos yn ddiweddarach cafodd ef a'i gwmni eu dal yn ôl i wasanaethu yn Saintonge. Mae yna gyfeiriad at ran Owain yng ngwarchae Saint-Sauveur-le-Vicomte yn y Cotentin ym 1375, ond does dim i gadarnhau hyn. Erbyn hyn roedd hi'n amlwg bod y Ffrancwyr a'r Saeson yn flinedig oherwydd y rhyfela, ac yn Bruges ar 1 Gorffennaf 1375 cytunwyd ar gadoediad am flwyddyn. Arweiniodd y cadoediad at ddadfyddino nifer o'r cwmnïau, gan gynnwys cwmni Owain, ond ni fu Owain yn segur yn hir. Ar 14 Hydref 1375 gwnaed contract rhyngddo ef ac Enguerrand de Coucy, Iarll Bedford, Iarll Soissons a mab-yng-nghyfraith brenin Lloegr, contract sydd i'w weld yn archifau'r Swistir yn Berne. Roedd mam de Coucy yn chwaer i gyn-ddug Awstria ac felly hawliai Coucy siâr o diroedd Hapsburg. Rhoddodd Charles V sêl ei fendith ar gynllun fyddai'n cael gwared â nifer o filwyr di-waith o dir Ffrainc, a rhoddodd hefyd gefnogaeth ariannol i Coucy i weithredu'r cynllun. Yn ei dro cyflogodd Coucy Owain a nifer o gapteiniaid eraill, ac aeth Owain ati i wasanaethu Coucy yn erbyn y 'rhai hynny o Awstria a'r holl rai sy'n perthyn iddynt', gan roi 400 o ddynion iddo. Roedd lluoedd Coucy yn cynnwys Ffrancwyr, Almaenwyr, Llydawyr, gwŷr o Fflandrys ac eraill, yn ogystal â Chymry Owain.

Bu'r rhyfelgyrch yn fethiant llwyr. Ymadawodd y fyddin â Ffrainc yn hydref 1375, ac roedd yn rhaid iddi fynd drwy'r Swistir. Nid oedd gan bobl y Swistir fawr o barch at ddug Awstria ond nid oeddynt yn croesawu goresgyniad estronol chwaith. Nid yw hanes a thraddodiad y Swistir wedi anghofio'r *Guglerkrieg* (Rhyfel y Gwŷr Cycyllog), a gafodd yr enw oherwydd y clogynnau a wisgai'r milwyr, gyda'r cycyllau am eu pennau i'w hamddiffyn rhag yr oerni. Cyrhaeddodd y fyddin y Swistir, ond ni allai ei harweinwyr gynnal disgyblaeth yn wyneb y diffyg cyflenwadau a'r ffaith bod y gaeaf yn nesáu. Ar 19 Rhagfyr trechodd dinasyddion Luzern ran o'r fyddin yn Buttisholz. Roedd Owain a'i gwmni'n lletya mewn lleiandy gwag yn Fraubrunnen ger Berne, ac yn ystod y nos ar 27 Rhagfyr fe ymosodwyd arnynt gan y Bernesiaid dan arweiniad Hans Rieder. Ymladdodd y cwmni'n ddewr yn erbyn dinasyddion Berne a lladdwyd Rieder, ond rhoddodd y Swisiaid y lleiandy ar dân a thynnodd Owain a'i wŷr yn ôl. Cipiodd y Bernesiaid gontract Owain â Coucy, ynghyd â baneri'r cwmni. Roedden nhw'n hynod falch o'u buddugoliaeth dros gapten mor enwog, a chyfansoddwyd baled yn adrodd yr hanes, 'Cân yr Arth' (yr arth yw arwyddlun herodrol y ddinas). Dyma ran ohoni yn fras:

> Owain o Gymru ddaeth i Fraubrunnen,
> Rhuodd yr arth, 'Allwch chi ddim dianc rhagof.
> Fe'ch trechaf, eich trywanu a'ch lladd!'
> Yn Lloegr a Ffrainc wylodd y gweddwon ynghyd,
> Och a gwae! Ni fydd yr un rhyfelgyrch eto i Berne.

Rhoddwyd y gorau i'r rhyfelgyrch wedi'r methiannau hyn, a buan iawn yr oedd Coucy ac Owain yn ôl yng ngwasanaeth Charles V.

Cadwyd Owain gydag un marchog a 98 o ysweiniaid ym mis Mawrth 1376; ymgynullodd ei gwmni yn Rheims ar 20 Ebrill. Wedi hynny bu'n gwasanaethu'r brenin yn Saintonge, Angoumois, Périgord a Limousin dan arweiniad cadlywydd Ffrainc, Louis de Sancerre.

Roedd gan o leiaf un Sais gysylltiad ag Owain. Roedd y marchog Syr John Minsterworth wedi mynd i Ffrainc ym 1370 i wasanaethu yn ymgyrch Syr Robert Knollys. Arweiniodd wrthryfel yn erbyn Knollys a mynd drosodd i ochri â'r Ffrancwyr. Ni wyddom ddim rhagor am Minsterworth nes iddo gael ei ddal gan yswain Gascon, Louis de Saint-Gilles, ger Pamplona yn Navarre ym 1377; roedd yn cario llythyrau gan frenin Ffrainc i frenin Castilia ynglŷn â pharatoi llynges ar gyfer ymosod ar Loegr dan ei reolaeth ef. Carcharwyd Minsterworth yn Nhŵr Llundain a chroesholwyd ef gan yr awdurdodau. Cyfaddefodd ei fod, tua'r Pasg 1376, wedi cynllwynio i ymosod ar Gymru gydag un a honnai ei fod yn wir etifedd y wlad honno, gyda'r bwriad o adennill etifeddiaeth y gŵr hwnnw. Mae bwlch yn y llawysgrif, ond does dim amheuaeth mai at Owain yr oedd yn cyfeirio. Dedfrydwyd Minsterworth i farwolaeth ac fe'i dienyddiwyd, chwarterwyd ei gorff a gosodwyd ei ben ar Bont Llundain. Roedd cynnig olaf Owain i fod yn dywysog Cymru wedi methu (ac efallai ei bod yn arwyddocaol fod un chwarter o gorff Minsterworth wedi ei anfon i Gaerfyrddin).

Parhaodd y rhyfel yn erbyn y Saeson. Roedd Owain yn gwasanaethu yn Périgord ym 1377, dan arweiniad dug Anjou, Bertrand du Guesclin a Louis de Sancere. Cymerodd ran ym mlaengad y Ffrancwyr yn y de-orllewin pryd y syrthiodd trefi Bergerac, Saint Foy, Castillon, Monségur a Saint-Macaire, y naill ar ôl y llall. Ar ôl cipio Duras dechreuodd pennod olaf hanes Owain Lawgoch. Ym 1378 cafodd Owain orchymyn gan ddug Anjou i warchae ar Mortagne, lle roedd y garsiwn, dan ofal capten Gascon, y Syndic de Latrau, wedi bod yn achosi blinder parhaus i'r Ffrancwyr. Roedd ganddo 500 o ddynion dan ei awdurdod a symudodd ymlaen i Saintonge i gyfeiriad Saint-Jean-d'Angély, tra dychwelodd Anjou a gweddill y fyddin i Toulouse. Roedd Mortagne yn amddiffynfa bwysig a edrychai dros afon Gironde a chyffiniau Bordeaux, ac roedd llynges wedi ei hanfon o Loegr i'w rhyddhau. Noda Froissart fod Owain yn ddigon bodlon ufuddhau i Anjou gan y gwyddai fod gan Charles V ffydd yn ei frawd, a bod Charles bob amser yn talu ei ddynion. Aeth ymlaen i Saintes ac wedyn i Mortagne, ac roedd yn barod am warchae hir. Roedd y gaer wedi ei hamddiffyn yn dda a chanddi ddigon o gyflenwadau angenrheidiol ac arweinydd medrus. Er mwyn cynnal y gwarchae adeiladodd bedair caer fechan: un ar lan y môr dan ei reolaeth bersonol ef, un i reoli cilddor yn y castell, un yr ochr arall i'r castell ac un wrth eglwys Saint-Léger.

Dyma'r adeg y daeth un yswain neilltuol o'r enw John Lamb i'r golwg yn yr hanes. Soniwyd amdano gyntaf yn Llydaw, ac yna yn Poitou, lle'r honnodd ei fod yn was i Owain; siaradai Ffrangeg yn rhugl a dywedodd ei fod wedi dod o Gymru i siarad ag Owain. Credodd y Ffrancwyr ef ac aethant ag ef i Mortagne. Aeth Lamb at Owain a dweud wrtho 'yn ei famiaith' ei fod wedi dod i'w weld ac i'w wasanaethu. Mae hwn yn bwynt diddorol iawn. Saesnes oedd mam Owain, ac yn Lloegr y cafodd ei eni a'i fagu. Ni wyddom a oedd Owain yn gallu siarad Cymraeg, nac ychwaith a oedd wedi bod yng Nghymru erioed, ond roedd arfbais cyn-dywysogion Gwynedd ar ei sêl. Credodd Owain yr hyn a ddywedodd Lamb, ac fe'i derbyniodd i'w wasanaeth. Dywedodd Lamb wrtho yr hoffai pobl Cymru ei gael yn dywysog arnynt. Cafodd Lamb ei wneud yn siambrlen i Owain ei hun, a daeth Owain i ymddiried ynddo fwyfwy.

Arferai Owain eistedd y tu allan i'r castell bob bore yn cribo'i wallt, ac fel rheol byddai Lamb gydag ef. Un bore roedd Owain wedi codi'n gynnar oherwydd iddi fod yn noson boeth ac yntau'n methu cysgu. Dim ond ei grys a'i siaced a'i glogyn oedd ganddo amdano. Anfonodd Lamb i'w ystafell i nôl ei grib; pan ddaeth yn ôl roedd dagr ganddo, 'gwaywffon fach Sbaen', a thrywanodd Owain ag ef. Llwyddodd Lamb i fynd i mewn i'r castell ar ei union. Mae Froissart wedi disgrifio sgwrs Lamb â'r Syndic yno. 'Syr,' meddai Lamb, 'rwyf wedi'ch gwaredu rhag un o'ch gelynion mwyaf.' 'Rhag pwy?' holodd y Syndic. 'Rhag Owain o Gymru,' meddai Lamb. 'Sut hynny?' holodd y Syndic eto. 'Fel hyn,' meddai Lamb, gan adrodd y stori gyfan. Ysgydwodd y Syndic ei ben yn ddig gan ddweud wrtho, 'O, rwyt wedi'i lofruddio, ac oni bai fod hyn o fantais i ni fe fyddai dy ben yn cael ei dorri. Mae'n drueni fod y gŵr hwn wedi'i ladd fel hyn; ni gaiff y bai.' Mae'r sgwrs hon yn cyfleu agwedd capteiniaid a oedd yn cydoesi ag ef tuag at eu gwrthwynebwyr a'u parch tuag at Owain. Ceir cyfeiriad arall at farwolaeth Owain yng nghronicl Seisnig Abaty'r Santes Fair yn Efrog, dan y flwyddyn 1378:

> 'At which time was killed a great enemy of England who was called Owen of the Red Hand and who was from Wales, who challenged the inheritance of the English crown and was the principal warrior after the marshal of France at the siege of the castle of Mortagne, which castle the said marshal and Sir Owen had besieged.'

Claddwyd Owain yn eglwys Saint Léger ac roedd holl wŷr ei gwmni yn ei angladd. Parhaodd y gwarchae ond rhyddhawyd Mortagne gan John Neville, llywodraethwr newydd Aquitaine, ar 18 Medi 1378. Yn ôl Froissart roedd sôn bod rhai marchogion Seisnig wedi rhoi gorchymyn i Lamb ladd Owain; roedd y Saeson yn ei gasáu oherwydd ei ran yn carcharu'r Captal de Buch a fu farw o dorcalon yn y Deml. Mae'n debyg fod y llofruddiaeth wedi ei threfnu'n fanwl iawn yn Lloegr neu yn Bordeaux, efallai ar ôl iddynt glywed am gynllwyn Minsterworth. Roedd hi'n amlwg fod Owain yn dal yn fygythiad, a'r awdurdodau'n ofni y byddai'n glanio yng Nghymru ac yn creu gwrthryfel. Roedd brenin newydd ar orsedd Lloegr, sef Richard II, ŵyr Edward III. Roedd ef yn dal yn blentyn, ac roedd yna drafferthion gwleidyddol difrifol yn y wlad. Pwy oedd y gŵr euog? Mae'n bosibl mai dirprwy frenin y brenin ifanc ydoedd, ei ewythr John o Gaunt, ond does dim tystiolaeth. Gwyddom i Lamb dderbyn swm o ugain punt o goffrau cyhoeddus am ladd Owain, a pharhaodd yng ngwasanaeth brenin Lloegr; bu farw ym 1413. Dyna stori Owain o Gymru, marchog Ffrainc a chapten blaenllaw yng ngwasanaeth Charles V a lofruddiwyd ym Mortagne gan un o ragflaenwyr James Bond!

Mae haneswyr ambell dro wedi diystyru Owain. Disgrifiodd T. Jones Pierce ef fel arf yn nwylo'r rhai oedd yn rhan o'r frwydr Eingl-Ffrengig, tra credai'r hanesydd Ffrengig Roland Delachenal fod Owain wedi perswadio Charles V i fuddsoddi gormod o arian a gormod o adnoddau mewn menter nad oedd llawer o obaith iddi. Ond roedd Owain yn gymeriad pwysig. Roedd rhan ddylanwadol o'r gymdeithas yng Nghymru yn ystyried adfer y llinach frodorol yn lle'r Plantagenetiaid. Fel etifedd tywysogion Gwynedd a chapten pwysig ym myddin Ffrainc, roedd Owain yn symbol cryf ar gyfer ei wlad ar yr adeg yma o argyfwng, protest ac anniddigrwydd trwy Ewrop gyfan. Roedd yn rhywbeth mwy o lawer na hawlydd Cymreig a gafodd ei ddefnyddio gan Charles V i wrthdynnu sylw ei elynion Seisnig. Roedd arweinwyr y gymdeithas frodorol Gymreig, y genedl wleidyddol, yn gwybod yn iawn am yr hyn yr oedd Owain yn ei gynrychioli, ac mae tystiolaeth y beirdd yn cadarnhau hyn.

Gadawodd Owain ei ôl ar draddodiad poblogaidd. Mae i bobl pob gwlad eu harwr sy'n cysgu mewn mynydd neu ogof ac yn disgwyl am yr alwad i ddod yn ei ôl i'w hachub. Yn ne-orllewin Cymru mae Owain Lawgoch yn destun chwedlau sydd i'w clywed hyd heddiw. Pam y llaw goch? Ystyr wreiddiol llaw goch yw llofrudd, ac fe allai hefyd gyfeirio at fath o fan geni neu archoll. Gwyddom ei fod yn cario'r llysenw yma yn ystod ei fywyd ac efallai ei bod yn arwyddocaol fod rhai o'r beirdd Cymreig yn y bymthegfed ganrif wedi cyfeirio ato fel Owain Frych. Ni wyddom ddim am gyfnod ei ieuenctid; ni wyddom pam yr aeth i Ffrainc, na phryd y sylweddolodd bwysigrwydd ei linach. Ond roedd yn ffigur gwleidyddol pwysig yng Nghymru, ac yr oedd ar yr un pryd yn un o brif gapteiniaid byddin Ffrainc. Paratôdd y ffordd ar gyfer Owain arall ar ddiwedd y ganrif.

Ym Mortagne y rhoddwyd ef i orffwys, etifedd olaf y tywysogion a symbol o'r Cymry oedd yng ngwasanaeth milwrol Ffrainc yn y bedwaredd ganrif ar ddeg, ond dymchwelwyd yr eglwys lle claddwyd ef yn ystod y bedwaredd ganrif ar bymtheg. Mae'n addas iawn, 625 o flynyddoedd ar ôl iddo gael ei fradlofruddio, fod y ddwy genedl yr oedd yn gysylltiedig â hwy wedi dod at ei gilydd i dalu teyrnged oedd yn ddyledus iddo ers tro. Rydym yn ddiolchgar i Mr Bryan Davies o Aberhonddu, yr un a gychwynnodd y prosiect a'i wireddu, ac i bobl Mortagne am eu croeso cynnes; croeso y bydd pob un ohonom a fu yno yn ei gofio am byth.

Yr Hen Ffydd yng Ngogledd Sir Fynwy

Y GWIR BARCHEDIG Daniel Mullins

Ym mis Chwefror 1829 trefnwyd cyfarfod o drigolion Defynnog a Llywel, dau blwyf yn sir Frycheiniog, er mwyn protestio yn erbyn y mesur Rhyddfreinio Catholigion a oedd gerbron y Senedd yn Llundain. Penderfynwyd anfon dau betisiwn, un i Dŷ'r Arglwyddi ac un i Dŷ'r Cyffredin, yn galw arnynt i wrthod y mesur. Cafwyd adroddiad o'r cyfarfod yn *The Cambrian*, papur Abertawe, 27 Chwefror 1829. Yn ôl y papur fe gytunwyd ar y ddau gynnig, er gwaetha'r ffaith fod nifer o Gatholigion yn bresennol, a hynny oherwydd bod mwy o Gatholigion ym mhlwyf Defynnog nag yng ngweddill y sir i gyd, a bod eu hynafiaid wedi byw yn y pentref ers rhai canrifoedd.

Ym 1839 anfonwyd adroddiad i Rufain yn nodi sefyllfa'r Catholigion yng Nghymru a Henffordd, er mwyn cefnogi'r cais am gael esgob â chyfrifoldeb dros Gymru. Yn ôl yr adroddiad hwnnw yr oedd yna 6,519 o Gatholigion yng ngofal 17 o offeiriaid. Pedwar offeiriad yn unig oedd yn y gogledd, sef yn Nhreffynnon, Talacre, Wrecsam a Bangor, a rhyw 750 o ffyddloniaid yn byw yno. Yn y de, enwyd yr offeiriaid oedd yn bugeilio yn Abertawe, Merthyr Tudful, Caerdydd, Pont-y-pŵl a Chasnewydd, canolfannau a agorwyd yn lled ddiweddar, ynghyd â'r hen ganolfannau yn Aberhonddu, Cas-gwent, Brynbuga, Trefynwy, y Fenni a Llanarth, ac yn Henffordd a Courfield dros y ffin.

Creadigaeth y Tuduriaid oedd y siroedd. O safbwynt y rhai oedd yn ceisio diogelu'r Hen Ffydd, nid oedd y ffin rhwng Cymru a Lloegr o bwys mawr; byddai Cyngor Cymru a'r Gororau yn parhau. Teuluoedd yn adnabod ei gilydd, ac yn aml yn perthyn i'w gilydd, oedd yn byw yn nyffrynnoedd afonydd Gwy, Mynwy, Wysg a Rhymni, a'r Gymraeg oedd yr iaith a siaredid gan fonedd a gwrêng. Oherwydd yr hanes arbennig hwnnw, daeth Henffordd yn rhan o'r *Welsh District* a sefydlwyd ym 1840, ac mae'n aros yn rhan o dalaith Gatholig Caerdydd hyd heddiw.

Ar 4 Rhagfyr 1531 llusgwyd Syr Rhys ap Gruffydd o'r Tŵr yn Llundain i'r Gwynfryn a'i ddienyddio yno. Hyd yn oed bryd hynny, nid oedd y bobl yng Nghymru a wyddai am y cyhuddiadau yn erbyn Syr Rhys, ŵyr Syr Rhys ap Thomas, yn derbyn ei fod yn euog o gynllwynio yn erbyn y brenin. Yr oedd dyn o deulu Scudamore, teulu a fyddai'n rhan o hanes y gymuned Gatholig dros y canrifoedd, yn gwadu hynny. Barn Ralph Griffiths yw fod Syr Rhys yn 'one of the earliest martyrs of the English Reformation'.[1] Wrth ystyried hanes yr Hen Ffydd yng ngogledd sir Fynwy, mae'r disgrifiad hwnnw, 'the English Reformation', yn allweddol. Hyd at ddiwedd y ddeunawfed ganrif, dyna oedd y Diwygiad i'r teuluoedd bonheddig a gwerinol a oedd yn dal i arfer ffydd a sagrafennau eu tadau Catholig.

Ym mis Mai 1622 galwyd yr aelodau o Gymdeithas yr Iesu a oedd yn cenhadu yng Nghymru a Lloegr[2] i gynhadledd a fyddai'n cael ei chynnal yng nghartref llysgennad Ffrainc. Yr oedd y dyfodol yn edrych yn addawol. Ym 1621, yn ei drafodaethau â brenin Sbaen, yr oedd y brenin wedi cytuno i atal y deddfau yn erbyn Catholigion. Ym 1619 yr oedd Cymdeithas yr Iesu wedi dynodi Lloegr yn is-dalaith, gan roi rhywfaint o annibyniaeth i'r offeiriaid oedd yn gweithio yno. Yn eu cynhadledd yn Llundain penderfynodd yr offeiriaid anfon cais at y Pab yn gofyn iddo ddyrchafu Lloegr yn dalaith gyflawn, ac er mwyn cefnogi'r cais hwnnw anfonwyd dogfennau a nodai sefyllfa ariannol yr is-dalaith gan ddangos bod ganddynt y modd i gynnal gwaith yr Urdd yn y wlad. Hefyd rhoddwyd hanes sefydlu tri choleg: Llundain, Coleg Sain Ffransis Xavier yn y Cwm a Choleg Swydd Stafford.[3] Yr oedd hi'n amlwg bod yr ardal rhwng y Fenni a Henffordd yn bwysig iawn yng ngwaith a chynlluniau'r Iesuwyr.

Ym mlynyddoedd cynnar y ganrif ymfudodd nifer o deuluoedd Catholig o siroedd Caerhirfryn, Caerloyw, Gwlad yr Haf, dyffryn afon Tafwys, Warwick a Dorset ac ymsefydlu ar diroedd Edward Somerset, pedwerydd Iarll Caerwrangon. Ymhlith y rhai a ddaeth i'r ardal yr oedd plant Hugh Griffiths o Benmark ym Mro

Morgannwg. Aeth yr hynaf o'r brodyr, William, a'i frawd James, a oedd yn feddyg,[4] i fyw yn y Cwm Uchaf. Yr oedd dau frawd arall, sef Hugh a'r ieuengaf, Richard, yn offeiriaid yng Nghymdeithas yr Iesu. Er nad oes gennym dystiolaeth i Hugh fod yn yr ardal, yr oedd Richard yn sicr yn ymwelydd cyson â'r Cwm ac â theuluoedd ei chwiorydd a'i frodyr a oedd wedi symud yno. Ymwelydd arall â'r Cwm oedd Robert Jones, brodor o'r Waun yn sir Ddinbych a aned ym 1564. Aeth i'r coleg yn Rhufain a chafodd ei dderbyn i'r Gymdeithas ym 1583.[5] Yr oedd yn ddyn galluog, ac fe'i dewiswyd gan Robert Parsons i fod yn gyfrifol am arwain y Gwrthddiwygiad Catholig yng Nghymru. Ei gartref swyddogol oedd Llantarnam, cartref Edward Morgan, a rhannodd ei amser rhwng y lle hwnnw a'r Cwm am weddill ei oes.

Bu farw Robert Jones ym 1615, a'i olynydd oedd John Salisbury.[6] Daeth Salisbury yn gaplan i'r Foneddiges Ffranses Somerset, pedwaredd ferch yr Iarll, ac erbyn hyn yr oedd digon o hyder gan Somerset a'r Iesuwyr i ganiatáu iddynt gofrestru perchnogaeth prydles y Cwm Uchaf yn enw aelod o'r Gymdeithas. Beth bynnag oedd gwir arwyddocâd presenoldeb y brodyr Griffiths yn y Cwm, enw John Salisbury a roddwyd ar brydles y Cwm Uchaf ym 1615. Ym 1622 anfonodd Salisbury gais swyddogol at Richard Blount, is-bennaeth y dalaith newydd, yn gofyn am sefydlu Coleg y Cwm yn ffurfiol. Y flwyddyn ganlynol derbyniwyd cais yr aelodau a chrëwyd talaith gyflawn yn Lloegr. Dewiswyd Blount yn bennaeth, a blwyddyn ei benodiad ef, sef 1623, yw dyddiad swyddogol sefydlu Coleg Sain Ffransis, er ei bod hi'n amlwg i'r lle fod yn un o ganolfannau pwysig yr Urdd ers rhai blynyddoedd.[7]

Fel y dywedwyd, yr oedd gobeithion, ac yn wir ddisgwyliadau, Catholigion am y dyfodol yn dal yn uchel, hyd yn oed ar ôl i'r brenin benderfynu diarddel ei gytundeb â brenin Sbaen ym 1624. Dyna sy'n esbonio hyder Charles Brown (vere Gwyn) a ddaeth yn bennaeth y coleg ar farwolaeth John Salisbury ym 1625. Un o Wyniaid sir Gaernarfon ydoedd a oedd wedi ei ordeinio yn Rhufain ym 1613 cyn cael ei dderbyn i Gymdeithas yr Iesu ym 1620. Yn ogystal â chymryd y brydles, fe brynodd Gwm Isaf a fferm arall gyfagos. Daeth Charles Gwyn yn rheithor y coleg yn St Omer ym 1636. Yr enw ar y brydles ym 1637 yw William Morton.[8]

Maes cenhadu'r Cwm oedd gogledd a de Cymru, Mynwy (a gâi ei hystyried yn sir yn Lloegr) a Henffordd a siroedd Caerloyw a Gwlad yr Haf. Ym 1666 agorwyd Tŷ Annedd Gwenfrewi yn Nhreffynnon, a'r sefydliad hwnnw bellach oedd yn gyfrifol am ogledd Cymru.[9]

Y berthynas rhwng teuluoedd Rhaglan a Llantarnam a'r Iesuwyr, a pharodrwydd y ddau deulu i gyfrannu'n hael at gynnal yr Hen Ffydd, oedd y conglfeini y seiliwyd y gwaith cenhadu Catholig arnynt yn ne Cymru. Yr oedd teuluoedd eraill ymhlith boneddigion ardaloedd dwyreiniol esgobaeth Llandaf ac esgobaeth Henffordd a oedd hefyd yn cefnogi'r achos. Y pwysicaf ohonynt oedd y canlynol: un gangen o deulu'r Havardiaid a ymsefydlodd yn ardal Pontsenni ym mhlwyf Defynnog, ac yn sir Fynwy y teuluoedd Jones yn Nhreowen a Dingestow, Needham yn Llanfochfa, Powel a oedd yn byw yn Rockfield, Watkins yn Llanarth, Proger yn y Wern-ddu, Gunter yn y Fenni, Scudamore yn Ynysgynwraidd a Vaughan yn Welsh Bicknor. Yr oedd yr holl deuluoedd hyn yn rhan o lwyth yr Herbertiaid, llwyth nad oedd yn amlwg ei ymlyniad wrth Harri Tudur na'i ddisgynyddion. Yn Nyffryn Gwy yr oedd cangen arall o'r Havardiaid, ynghyd â'r teuluoedd Bodenham, Monnington, Berrington a'r teulu Cox yn Garway. Bu'r teuluoedd hyn yn cynnal offeiriaid y seminarau neu'n cyfrannu at gostau'r genhadaeth grwydrol a oedd yn rhan annatod o'r holl ymgyrch.

Er pwysiced y teuluoedd bonheddig, pobl gyffredin oedd trwch y boblogaeth Gatholig ar hyd yr ail ganrif a'r bymtheg a'r ddeunawfed. Daw Daniel Huws i'r casgliad, ar sail ei astudiaeth ef o'r cyfnod, ac yn enwedig o'r farddoniaeth werinol a gyfansoddwyd yng ngogledd sir Fynwy, fod y bobl y ceir cipolwg arnynt yn y farddoniaeth honno yn bobl 'gartrefol, yn geidwadol, yn ffieiddio'r awdurdodau Seisnig ac yn ffieiddio Piwritaniaeth (a hynny am ei bod yn rhywbeth Seisnigaidd dieithr)'.[10]

Mae hanes Cymdeithas yr Iesu, a ffyrnigrwydd yr erlid yn ystod cyfnod y Cynllwyn Pabaidd, yn dangos pwysigrwydd de Cymru a'r gororau yng nghynlluniau a gobeithion y Catholigion trwy gydol y ganrif. Ystrydeb yw dweud na chroesawyd y Diwygiad Protestannaidd yng Nghymru. Ar y llaw arall, tuedd haneswyr tan yn ddiweddar oedd derbyn beirniadaeth y diwygwyr fel y gwir golau am gyflwr defosiwn yn y plwyfi ac agwedd y Cymry tuag at Eglwys yr Oesoedd Canol. Ychydig iawn o dystiolaeth am fywyd ysbrydol ac arferion gweddigar y bobl gyffredin sydd yn aros. Er hynny, y farn gyffredin heddiw yw mai 'digon arwynebol oedd ymlyniad trwch y Cymry wrth Anglicaniaeth, ac adroddwyd yn 1577 fod rhai o glerigwyr Cymru yn cynnal offerennau ac yn gweinyddu bedyddiadau ac angladdau cyfrinachol yn ôl y ddefod Gatholig'.[11] Yn sir Fynwy, gwrthod y 'grefydd newydd' oedd ymateb llawer o'r Cymry.

Yn ei ddau draethawd ar barhad yr Hen Ffydd yn sir Fynwy,[12] mae'r Dr R.P. Matthews wedi casglu a chofnodi'r dystiolaeth sy'n aros yn rholiau'r reciwsantiaid, yng nghofnodion y Siecr ac yng Nghyfrifiad Compton ym 1667, ynghyd â'r ystadegau a gasglwyd ym 1707. Dengys yr astudiaethau hyn gynnydd yn nifer y Catholigion, neu'n gywirach, efallai, yn y rhai oedd yn barod i arddel yn gyhoeddus eu hymlyniad wrth yr Hen Ffydd yn y cyfnod rhwng marwolaeth Elizabeth ym 1603 a Chwyldro 1688-9. Wrth geisio dehongli'r ffigurau, ni ddylid disgwyl yr un manylder ystadegol ag a geir heddiw.

Rhwng 1538 a 1680 bu farw dros 50 o Gymry, yn lleygwyr ac yn offeiriaid, yn y carchar neu ar grocbren.[13] Eu trosedd oedd bod yn reciwsantiaid Catholig, a chyhuddwyd nifer ohonynt o deyrnfradwriaeth. Yn ôl y gyfraith, yr oedd bod yn offeiriad Catholig neu roi lloches i offeiriad yn frad. Ym 1559 daeth peidio â mynychu eglwys y plwyf ar y Sul yn drosedd ac ym 1581 deddfwyd y byddai'n rhaid i'r rhai a gadwai draw dalu dirwy o £20 y mis, a oedd yn swm sylweddol o arian yng nghyfnod Elizabeth. Amcangyfrifir mai Edward Morgan o Lantarnam, a fu farw ym 1633, oedd yr un a dalodd y swm uchaf yn y deyrnas oll yn ystod oes hir o wrthod cydymffurfio. Yn y rhôl reciwsantaidd am 1608, dywedir fod yr un Edward Morgan, ynghyd â'i wraig a thrigain o bobl ardal Llantarnam, y rhan fwyaf ohonynt yn iwmyn, wedi'u cael yn euog o reciwsantiaeth. Yn yr un flwyddyn cafwyd Hugh Evans o Langatwg Feibion Afel, ei wraig a phymtheg ar hugain o bobl eraill yn euog o'r un drosedd, ynghyd â David Morgan a dau ar hugain o'r Fenni.

Ym 1603, ar orchymyn yr Archesgobion, casglwyd manylion am yr 'holl blwyfi, pregethwyr, cymunwyr a reciwsantiaid' yn nhaleithiau Caergaint a Chaerefrog.[13] Yng Nghymru, dywedir fod 32 o Bapistiaid yn esgobaeth Bangor, 250 yn Llanelwy, 381 yn Llandaf a 145 yn esgobaeth Tyddewi. Ac eto, mewn llawysgrif yn yr Amgueddfa Brydeinig ar gyfer yr un cyfnod,[14] dywedir fod rhyw 20,000 o reciwsantiaid yn siroedd y gororau a rhannau cyfagos yng Nghymru. Mae hyn yn adleisio cwyn y Cyfrin Gyngor ym 1593 fod y Papistiaid yn heidio ar hyd y gororau.[15] Yn nyddiau llewyrchus Coleg Sain Ffransis Xavier, byddai rhyw ugain o offeiriaid yn aelodau ohono, er na fyddent oll yn byw yno, ac er gwaetha'r tensiwn a gododd rhwng offeiriaid y seminarau a'r Iesuwyr,[16] rhannent y gwaith o geisio cynnal y bobl Gatholig. Yr oedd Robert Jones a Roger Cadwalladr yn gwasanaethu yn yr un ardaloedd, ac yn y Cwm yr oedd yr offeiriaid seciwlar[17] yn falch o'r lloches oedd ar gael yno.

Ym 1676 cynhaliwyd cyfrifiad gan yr Eglwys Wladol. Y cwestiwn cyntaf a ofynnwyd i bob offeiriad plwyf oedd faint o unigolion, neu o leiaf o deuluoedd, oedd 'by common consent and estimation' yn byw yn y plwyf. Yr ail gwestiwn oedd faint o reciwsantiaid Catholig oedd yn y plwyf; ac, yn olaf, faint o *Dissenters* oedd yno. Yr enw a roddir ar y cyfrifiad hwn yw 'The Compton Census', ar ôl Henry Compton, esgob Llundain, a oedd, mae'n debyg, yn gyfrifol am gyfosod yr ystadegau a gasglwyd.

Mae'n bwysig sylwi ar y cwestiynau a osodwyd i'r offeiriaid oherwydd maent yn agored i'r posibilrwydd o ddehongliadau gwahanol wrth gael eu hateb. Diffiniad cyfreithiol 'reciwsant' oedd un a wrthodai fynychu gwasanaethau'r Sul. Gellid dehongli hyn i olygu pob Pabydd oedd yn cadw draw, neu ei gyfyngu i'r rhai a gafwyd yn euog gerbron y llys. Dylid cofio'n ogystal mai'r rhai oedd yn ddigon hen i gymuno, sef pobl dros un ar bymtheg oed, oedd y rhai yr holwyd amdanynt.

Yn ôl Cyfrifiad Compton[18] roedd yna 336 o reciwsantiaid yn sir Fynwy a 257 nad oedd yn derbyn y cymun. Dadleuodd Thomas Richards fod y nifer o Anghydffurfwyr Protestannaidd a nodir dipyn yn is na'r gwirionedd,[19] a digon tebyg fod yr un peth yn wir am yr Anghydffurfwyr Catholig.

Newidiwyd sefyllfa'r Catholigion yn llwyr gan y Cynllwyn Pabaidd. Cynllwyn ydoedd a fanteisiodd ar amhoblogrwydd y brenin, ac yng ngeiriau Daniel Huws, 'seiliwyd y cwbl ar anudonedd'.[20] Yn sir Fynwy yr oedd yr erlid yn arbennig o ffyrnig oherwydd hen elyniaeth yn erbyn ieirll Caerwrangon. Chwalwyd Coleg y Cwm a chollwyd nawdd Castell Rhaglan gan fod yr Iarll eisoes wedi cydymffurfio â'r grefydd wladol. Ar farwolaeth Syr Edward Morgan, y trydydd barwnig, ym 1681, collwyd Llantarnam yn ogystal, gan i'r plasty a'r holl eiddo oedd yn aros fynd i wraig a dwy ferch Syr Edward a oedd ill tair yn Brotestaniaid.[21] Yn ystod yr erlid bu farw nifer o'r offeiriaid a oedd yn gweithio yn yr ardal, ar y grocbren, yn y carchar neu ar herw.

Adeg y Cynllwyn, pennaeth offeiriaid seciwlar de Cymru oedd William Lloyd. Cyn iddo farw yn y carchar, lluniodd ewyllys hir yn penodi ymddiriedolwyr newydd gan drosglwyddo arian ac eiddo'r offeiriaid iddynt. Gadawodd hefyd £5,000 i'r coleg yn Lisbon lle cafodd ef ei hun ei ordeinio ym 1639. Ei fwriad oedd dechrau cronfa yn y coleg ar gyfer hyfforddi offeiriaid i wasanaethu yn ne Cymru. Wrth iddo enwi ei frawd[22] yn un o'r ymddiriedolwyr, yr oedd yn ei ymrwymo ef ac ymddiriedolwyr y dyfodol i gyflawni dyletswyddau'r elusennau yn siroedd Caerfyrddin a Phenfro, a nododd fod y dyletswyddau hynny'n cynnwys cyfrifoldeb am dlodion yr ardaloedd dan sylw.

Erbyn dechrau'r ddeunawfed ganrif yr oedd sefyllfa'r Catholigion wedi newid yn llwyr. Yn ôl y dystiolaeth a gasglwyd gan Foley,[23] pedwar o offeiriaid Cymdeithas yr Iesu oedd yn aros yn nhalaith Sain Ffransis Xavier. Y flwyddyn ganlynol roedd yna chwech, ac erbyn 1714 yr oedd y nifer wedi codi i wyth. Mae'r sylw a gofnodir am y rhain yn ddiddorol. Yr oedd eu hadnoddau mor brin nes iddynt orfod dibynnu ar haelioni'r bobl, yn enwedig y boneddigion, ond erbyn i dalaith Lloegr o'r Urdd gael ei sefydlu ar 21 Ionawr 1623 yr oedd y sefyllfa ariannol mor iach nes iddynt allu cynnig help i daleithiau eraill. Erbyn 1628 yr oedd yr adnoddau'n ddigon i gynnal 440 o ddynion. Yn y dinistr a ddilynodd y Cynllwyn, yr oedd y cyfan wedi diflannu.

Yr oedd sefyllfa'r offeiriaid seciwlar wedi dirywio hefyd. Er gwaethaf y trefniadau manwl a nododd William Lloyd yn ei ewyllys, diflannodd Cronfa Offeiriaid De Cymru, a hynny nid oherwydd yr erlid, ond oherwydd ariangarwch yr offeiriad a benodwyd i ofalu amdani ar ôl marwolaeth John Hall ym 1748. Ac yn y rhestr o fyfyrwyr yn y coleg yn Lisbon lle'r oedd cronfa ar gyfer bechgyn o Gymry, nid enwir ond rhyw bump yn ystod y ddeunawfed ganrif.

Eto i gyd, arhosodd rhyw lygedyn o oleuni. Daeth Urdd Sain Ffransis i lenwi lle'r Iesuwyr, a daeth Perth-hir, hen gartre'r Poweliaid, yn bencadlys yr Urdd. Daethai'r Cymro Pacificus Williams yn ddiogel trwy'r ddrycin a pharhau â'r gwaith hyd at ei farwolaeth ym 1706. Efe oedd yn gyfrifol am sicrhau tai annedd i'r brodyr yn y Fenni, Llanllieni, Trefynwy a Henffordd, ac o'r lleoedd hynny datblygwyd eu cenhadaeth yn Llanarth, Castell Pembridge a Garway. Drwy gydol y ganrif bu'r teulu Jones yn Llanarth yn cadw un, ac weithiau ddau, offeiriad seciwlar.

Yn Chwefror 1706 anfonwyd cais i Dŷ'r Arglwyddi a drafodwyd gan yr aelodau ar 14 Mawrth.[24] Mynegwyd pryder ynghylch hyfdra Papistiaid sir Gaerhirfryn,[25] ac anfonodd yr Arglwyddi gais at y Frenhines gan ofyn am arolwg o holl Bapistiaid y deyrnas – eu cyflwr cymdeithasol, eu stadau a'u preswylfeydd. Ar 4 Ebrill daeth gorchymyn gan y Cyfrin Gyngor yn gofyn am gyfrifiad cyflawn. Mae'r canlyniadau am sir Fynwy yn y Llyfrgell Genedlaethol yn Aberystwyth,[26] a rhoddant ddarlun go fanwl, er yn anghyflawn, o Gatholigion y sir ymhen chwarter canrif ar ôl y chwalfa fawr. Rhestrau o'r lleygwyr a roddir yn bennaf, a'r rhan fwyaf ohonynt yng ngogledd y sir. Enwir 763 o unigolion, nifer sylweddol ohonynt yn fenywod ac yn famau teuluoedd. Weithiau enwir eu plant. Ar adegau eraill dywedir 'a phlant' neu 'a meibion a merched' heb eu henwi na nodi eu nifer. Rhoddir enwau gwŷr y menywod Catholig heb ddweud rhagor amdanynt. Pymtheg yn unig o'r plant a enwir.

Yn rhai o'r adroddiadau ceir colofn yn nodi galwedigaeth y rhai a enwir, a'u statws yn y gymdeithas. Mae'n amlwg bod y gymdeithas Gatholig oedd yn aros yn drawstoriad o'r gymdeithas ehangach. Ceid seiri, cowperiaid a barilwyr, torwyr gwallt, cryddion, telynorion, gweision a thlodion (paupers). Gelwir 25 ohonynt yn foneddigion, ac o'r rhain y cyfoethocaf o ddigon yw

Philip Jones o Lanarth a John Jones Dingestow.[27] Yr oedd teulu Llanarth yn cadw offeiriad hyd at yr Ail Ryfel Byd pan drowyd y plasty yn goleg preswyl i ferched ac yn gartref i leianod o Lundain.

Wrth geisio dehongli'r ystadegau mae'n amlwg bod nifer y plant yn rhy fach; yr oedolion oedd yn cyfrif mewn cyfnod pan oedd sôn am ymosodiad i adfer y Stiwartiaid. Dim ond 62 o'r cyfanrif oedd yn byw yng ngwaelod y sir, ond erbyn diwedd y ganrif byddai hynny wedi newid o ganlyniad i'r Chwyldro Diwydiannol a'r mewnfudo a ddaeth yn ei sgil.

Erbyn 1706, cadarnleoedd yr Hen Ffydd oedd y cantrefi rhwng y Fenni a Rhaglan, a'r plwyfi ar ffin ogledd-ddwyreiniol y sir, sef plwyfi'r Grysmwnt, Ynysgynwraidd, Llanfochfa, Rockfield, Llangatwg Feibion Afel a Llandeilo Gresynni. Yr oedd parodrwydd y teuluoedd cefnog i gadw offeiriad neu i noddi'r bugeilio crwydrol yn yr ardaloedd hyn yn bwysig i barhad y ffydd. Y canolfannau pwysicaf oedd y Fenni, Llanarth-Clytha, Glyn Troddi, Llanfochfa a Pherth-hir. Yr oedd y traddodiad reciwsantaidd yn hen yn yr ardaloedd hyn.

Er mor bwysig oedd y teuluoedd bonheddig, nid yw eu ffyddlondeb hwy yn esbonio'r ymlyniad di-ildio ymhlith y werin bobl yng ngogledd y sir. Un o'r ychydig bethau parhaol eu dylanwad oedd yn aros o deyrnasiad Iago II oedd presenoldeb esgobion Catholig. Rhannwyd y deyrnas yn bedair talaith, a Ficer Apostolaidd mewn urddau esgobol yn gyfrifol am bob un. Treuliodd yr Esgob Mathew Prichard (1713-1745) ei gyfnod fel esgob ym Mherth-hir, ac yng nghyfnod ei olynwyr penodwyd esgobion cynorthwyol a fyddai'n aros yn Nhrefynwy neu yn Llanarth. Drwy gael esgobion symudwyd rhai o'r anawsterau a oedd wedi codi rhwng yr Urddau a'r offeiriaid seciwlar yn y gorffennol.

Wrth gymharu ffigurau 1706 â'r rhai a roddwyd yng Nghyfrifiad Compton, rhaid nodi nifer o wahaniaethau. Nid ystadegau manwl gywir a geir yn y naill na'r llall. Yn aml, byddai atebion yr offeiriaid plwyf yn anelu at ddangos cyn lleied o wrthgilwyr oedd yn yr ardal, a phwysleisiai'r wybodaeth a gasglwyd ar orchymyn y Cyfrin Gyngor y perygl o du'r Papistiaid oedd yn aros. Yn hyn o beth, mae pwyslais archwiliad 1706 ar dlodi cynifer o'r Catholigion yn dweud yn ogystal nad oeddynt yn gallu creu anawsterau i'r awdurdodau.

Nodwyd bod cyfanswm o 541 o Gatholigion yn sir Fynwy ym 1676. Ym 1706 y rhif yw 763. Ym 1706 nodir pymtheg o blant a 71 o 'feibion a merched'. Gan nad oedd Cyfrifiad Compton yn cynnwys rhai dan un ar bymtheg oed, nifer yr oedolion ym 1706 yw sail unrhyw gymhariaeth. Mae nifer y plant yn sicr yn rhy isel, ac yn amlwg mae rhai o'r 'meibion a merched' yn oedolion.[28] Byddai'r ystadegau moel yn awgrymu cynnydd yn y boblogaeth Gatholig er gwaetha'r Cynllwyn a'r Chwyldro. Tebycach yw fod ystyriaethau'r offeiriaid yn wahanol i rai'r is-gwnstabliaid. Y darlun sy'n aros yw cymdeithas Gatholig a oedd wedi aros yn weddol sefydlog. Gan gofio'r sefyllfa arbennig yn sir Fynwy lle'r oedd canlyniadau Cynllwyn 1678-9 yn fwy difrifol nag yn unman arall yn y deyrnas, annisgwyl yw cael mai yn ardal Llantarnam yn unig y gwelir lleihad sylweddol yn y gymuned Gatholig.[29]

Ym mis Medi 1764 anfonodd yr Esgob Walmesley adroddiad i Rufain yn rhoi disgrifiad o gyflwr ficeriaeth y gorllewin. Dywed fod 37 o offeiriaid yn y dalaith: 28 yn aelodau o'r urddau crefyddol a naw yn offeiriaid seciwlar. Ym 1767 anfonodd adroddiad arall at Propaganda yn dweud mai cyfanswm y Catholigion yng Nghymru oedd 750 a bod naw o offeiriaid yn gofalu amdanynt. Gwnaethpwyd arolwg Anglicanaidd yn yr un flwyddyn. Ni chadwyd copi o'r adroddiad Anglicanaidd ar gyfer esgobaeth Llandaf, ond yn ffodus mae gennym atebion ar gyfer esgobaeth Tyddewi.[30] Dywedir fod 114 o Gatholigion yn yr esgobaeth honno a bod 62 ohonynt yn sir Frycheiniog. Erbyn canol y ddeunawfed ganrif yr oedd nifer coleddwyr yr Hen Ffydd wedi gostwng yn lleiafrif bach a oedd yn glynu'n dynn wrth hen draddodiad.[31] Pan ddaeth yr adfywiad erbyn diwedd y ganrif, yn sir Fynwy'n bennaf, yr oedd y capeli Catholig a'r offeiriaid i ofalu am y newydd-ddyfodiaid i Gymru yn chwilio am well byd yng nghanolfannau'r Chwyldro Diwydiannol.

Nodiadau

[1]Ralph A. Griffiths, *Sir Rhys ap Thomas and his Family* (Caerdydd, 1993), 106.

[2]Ers y Ddeddf Uno yr oedd Cymru yn rhan o Loegr. Am Loegr yn unig y sonnir yn yr holl ddogfennau cyfreithiol a chyhoeddus.

[3]Gweler Thomas M. McCoog, SJ, *The Heythrop Journal*, 28 (1987), 40-56.

[4]Yr oedd presenoldeb meddygon yn y gymdeithas yn gallu bod o fudd mawr i'r gymuned Gatholig, yn enwedig ar adegau bygythiol neu argyfyngus.

[5]Gweler Dominic Aidan Bellenger, *English and Welsh Priests 1588-1800* (Abaty Downside, 1984).

[6]Yn ôl Bellenger, brodor o sir Fynwy ydoedd. Tebycach o lawer mai Geraint Bowen sy'n iawn. Gweler *Cylchgrawn Llyfrgell Genedlaethol Cymru*, VIII, 4 (1954), y nodyn 'John Salisbury o Rug 1575-1625'.

[7]Am hanes sefydlu'r dalaith, gweler McCoog, *The Heythrop Journal*.

[8]Y Brawd William Morton SJ, brodor o sir Gaerwrangon a ddaeth i'r Cwm ym 1630. Nid oedd pob Iesüwr yn offeiriad.

[9]Rhannwyd y genhadaeth yn ddeuddeg rhanbarth. Ym mhob un ohonynt cafwyd 'coleg' a fyddai'n bencadlys i'r genhadaeth yn y rhanbarth honno, yn lloches pan fyddai angen ac yn ganolfan encil. Fe'u defnyddid hefyd i ddarparu addysg, yn enwedig addysg grefyddol. Y bwriad, mae'n siŵr, oedd iddynt ddatblygu'n golegau ar lun y colegau ar gyfandir Ewrop. 'Tai annedd' oedd yr enw a roddid ar ganolfannau llai pwysig.

[10]Daniel Huws, 'Llengarwch reciwsantiaid Gwent', *Y Cylchgrawn Catholig*, XIV (2002).

[11]John Davies, *Hanes Cymru* (Penguin Press, 1990), 236.

[12]R.P. Matthews, 'The Monmouthshire Papist returns of 1706' (Traethawd MA, Prifysgol Cymru, Caerdydd, 1987) a 'Roman Catholic recusancy in Monmouthshire 1603-89' (Traethawd PhD, Prifysgol Cymru, Caerdydd, 1997).

[13]Donald Attwater, *The Catholic Church in Modern Wales* (Llundain, 1935), 19.

[14]State Papers Domestic, James I, 1607, XXVII, No. 12.

[15]C.A.J. Skeel, *The Council in the Marches of Wales* (Llundain, 1904): 'The Recusants do swarme, no man but theire own companies does know where they were married, by whom or in what places; where theire children were Christened. Theire children be learned by schoolmasters of theire own creed' (t. 121).

[16]Dau beth yn bennaf oedd yn gyfrifol am hyn. Yn niffyg esgobion, edrychai Rhufain at y Gymdeithas am arweiniad yn y maes cenhadol. Pan benodwyd George Blackwell (1547-1612) yn Archoffeiriad ym 1598, bu'n rhaid iddo ymgynghori â phennaeth yr Iesuwyr ar bob mater o bwys. Ac yn ail, gofid i'r offeiriad seciwlar oedd fod cynifer o'u brodyr yn ymuno â'r Gymdeithas ar ôl cyrraedd Lloegr neu Gymru o'r cyfandir.

[17]Term canonaidd yw 'seciwlar' am yr offeiriaid hynny sydd dan awdurdod esgob, yn byw ac yn gweithio ymhlith y bobl ac yn dibynnu arnynt am eu cynhaliaeth. Mae aelodau'r Urddau Crefyddol dan awdurdod yr Urdd ac yn cael cynhaliaeth gan yr Urdd.

[18]Gweler Thomas Richards, *The Religious Census of 1676* (Cymmrodorion, 1927).

[19]Gweler Richards, *The Religious Census of 1676*, 47-63.

[20]Daniel Huws, 'Llengarwch reciwsantiaid Gwent', 5.

[21]Yr arfer mewn priodasau cymysg, yn enwedig ymhlith y teuluoedd bonheddig, oedd i'r meibion gael eu magu yng nghrefydd y tad a'r merched yng nghrefydd y fam. Parhaodd yr arfer hon hyd at flynyddoedd cynnar yr ugeinfed ganrif.

[22]Y Sant John Lloyd a grogwyd yng Nghaerdydd, 22 Gorffennaf 1679.

[23]Henry Foley SJ, *Records of the English Province of the Society of Jesus*, 7 cyfrol (Llundain, 1875-1883).

[24]R.P. Matthews,'The Monmouthshire Papist returns of 1706'.

[25]*Journals of the House of Lords*, XVIII, 154: 'Their priests are numerous, their Masses frequent, their people affectedly go in Troops, they marry without licence, or Publication.'

[26]Llyfrgell Genedlaethol Cymru, Tredegar Park MSS, series T.P. 93/53-93/58.

[27]Ym 1848 mabwysiadodd teulu Llanarth yr enw Herbert. Maent wedi aros yn noddwyr hael i'r Ffydd Gatholig yn ne Cymru dros y blynyddoedd.

[28]Ym mhlwyf Llandeilo Gresynni rhoddir 'William Watkins and his son and heir, Gent'.

[29]Ym 1640 cafwyd 113 yn euog o fod yn reciwsantiaid Catholig yn Llantarnam. Ym 1706, nodir mai 15 o Gatholigion oedd yno, ac 87 yn holl gantref Brynbuga.

[30]Llyfrgell Caerdydd, MSS M.S. 4, 92: 'A return of the number of reputed Papists in the Diocese of St. David's in obedience to His Majesty's Commands, in the year 1767.'

[31]Hyd at ddiwedd y ddeunawfed ganrif, Cymraeg oedd iaith yr hen deuluoedd Catholig. Mae ffoadur o offeiriad Ffrengig a oedd yn gwasanaethu yn y Fenni yn ysgrifennu am anghenion y plwyf hwnnw mewn llythyr dyddiedig 4 Gorffennaf 1974. Dywed y Tad Preston fod penaethiaid y Brodyr Llwydion wedi cymryd arian a oedd yn gymynrodd i blwyf y Fenni a'i ddefnyddio at ddibenion eu gwaith yn sir Efrog. Pwrpas y gymynrodd, meddai, oedd addysgu bachgen o Gymro 'to become a missioner, to supply this place where the Welsh language is indispensably necessary to the Missioner, and must, I understand, be learned during one's youth, or else 'tis impossible to learn it afterwards'. Dyfynnir y llythyr yn Edwin Burton, *The Life and Times of Bishop Challoner 1671-1781* (Llundain, 1909), 9.